教養

교양

건축

*

이 책에 사용한 사진 중 출처가 표기되지 않은 것은 저자가 직접 찍은 사진이거나
저작권이 소멸된 퍼블릭 도메인(public domain)이다.

**

사진 출처 중 ⓒⓒ가 붙어 있는 것은
크리에이티브 커먼즈 라이선스(Creative Commons License, CCL) 표시로
미국 마운틴뷰에 있는 크리에이티브 커먼즈라는 비영리기구가 배포하는 저작물 사전 이용 허락 표시다.
저작권자가 자신의 저작물에 대해 일정한 조건을 지키면 사용해도 좋다고 허락한 저작물을 의미한다.

***

일부 외국어 표기의 경우 외국어 표기법과는 다르게 일반적으로 통용되는 발음으로 표기했다.

이 도서의 국립중앙도서관 출판시도서목록(CIP)은
서지정보유통지원시스템 홈페이지(http://seoji. nl. go. kr)와
국가자료공동목록시스템(http://www. nl. go. kr/kolisnet)에서 이용하실 수 있습니다.
(CIP제어번호: CIP2016022066)

教養

교양 건축

여덟 단어로 시작하는 **건축 공부**

건축을 보는 눈을 열어 주는 **친절한 건축 안내자**

양진석 지음

design **house**

건축을 통해 세상을 본다는 것

건축은 인간의 삶 지척에 있는 친근한 존재다. 하지만 우리는 건축에 대해 잘 모를 뿐만 아니라, 의외로 별로 관심이 없다. 건축은 우리가 생활하는 공간이고, 우리를 둘러싼 환경이며, 사고의 대상이자, 사유의 근거고, 삶의 현장이다. 건축을 조금이라도 이해하고 있다면 우리 주변은 유의미한 것으로 다가올 수 있지만, 그렇지 않다면 건축은 그냥 걸리적거리는 콘크리트 덩어리이거나 공해를 유발하는 대상으로 인식될 지도 모른다.

이 책에는 국내외에서 쉽게 만나볼 수 있는 건축에 대한 이야기가 담겨 있다. 이 책은 바로 현실을 둘러싸고 있는 건축, 그 건축을 제대로 다시 돌아보자는 의도에서 시작되었다. 《양진석의 친절한 건축 이야기》위즈덤하우스, 2011를 출간했을 때도 나의 목적은 명확했다. 독자들이 각자가 속해 있는 분야에서 세상에 대한 하나의 은유로 작동하고 있는 '건축'이라는 창을 통해 새로운 세상을 볼 수 있게 하는 것이다. '건축'이라는 새로운 사고의 틀을 갖게 하는 것이다. 이번에 출간하는 이 책 역시 《양진석의 친절한 건축 이야기》의 집필 의도를 그대로 계승하고 있다.

내 주변의 예술가들은 '건축은 예술의 근본'이라고 자주 말하곤 한다. 'Architecture'에서 'Archi'는 '원리'를 의미한다. 건축은 원리를 다루는 기술인 셈이다. 그렇기 때문에 건축은 여러 예술 분야는 물론 철학, 물리학, 수학과도 자연스럽게 접점을 갖게 된다. 건축을 보면 세상이 보인다는 주장을 하고 다닌 지도 벌써 20년이 훌쩍 넘어 버렸다. 그런데 이제야 좀 이야기할 맛이 난다. 사람들이 나의 이야기에 조금씩 반응하기 시작했기 때문이다.

루브르박물관 앞에 전혀 어울리지 않아 보이는 형태로 만들어진 유리 피라미드, 파리 한복판을 차지하고 있는 공장같이 생긴 퐁피두센터, 화력발전소 형태를 그대로 살린 건물로 런던의 부활을 알린 테이트모던갤러리, 사람들의 기억 속에서 사라져 가는 인구 50명의 한적한 시골 섬에 지어진 테지마미술관, 한강변의 정수장을 개조하여 공원으로 만든 선유도공원. 사람들은 왜 이런 건축물들을 보러 '그곳'을 찾아가는 것일까? 아마도 건축 안에 어떤 내용이 있고, 그 내용이 사람들을 끌어모으는 힘을 지니고 있기 때문일 것이다. 여기서 말하는 내용은 요즘 사람들이 말하는 '콘텐츠'보다 훨씬 더 큰 의미를 가진 공간을 의미한다.

'건물이 주변과 어울리는가'의 문제로만 한정 지을 수 없는 심오한 건축의 세계, 지속적으로 인간에 대해서 이야기하는 건축 이론들, 디자인이라는 개념으로만 이야기할 수 없는 조형의 세계, 공간에서 느낄 수 있는 오묘한 경험들. 도시 한편에 마련된 무대를 장식하는 수많은 건축물들은 충분히 우리의 관심의 대상이 될 수 있다. 또한 건축을 바라보는 눈을 조금만 길러 두면 여행을 가거나 출장을 떠났을 때 훨씬 풍요로운 시간을 보낼 수 있다.

건축은 여러 분야에 발을 걸치고 있기 때문에 한 도시를 결정적으로 바꾸어 놓을 수 있는 힘이 있다. 건축은 분명 만들어지는 과정에서 여러 분야에 다양한 영감을 제공한다. 나는 독자들이 이 책에 등장하는 수많은 현대건축 사례를 통해 건축적인 사고를 시작하고, 창조적 사고 기법과 그것을 구체화하는 비결에 대한 힌트를 얻을 수 있기를 바란다.

최근 몇 년 간 1년에 수십 회씩 건축 관련 강연을 했다. 도시 건축 발전을 위한 포럼이나 세미나 등에서 전문가들을 대상으로 강연하기도 했지만, 기업 CEO나 오피니언 리더 모임, 지방자치단체, 학생이나 주부 등 비전공자나 일반인들을 대상으로 한 강연도 많았다. 그렇게 만난 다양한 청중을 통해서 대중이 원하는 건축이 무엇인지 실감할 수 있었기 때문에 몇 년 전 《양진석의 친절한 건축 이야기》를 출간하게 되었다.

책이 출간된 후 많은 사람들이 건축에 대해 더 알고 싶어 한다는 것을 확인할 수 있었고, 문화적 수준이 향상되면서 건축 분야에 대한 사람들의 관심이 더 뜨거워지고 있음을 피부로 느낄 수 있었다.

이 책은 《양진석의 이야기가 있는 집》시공사, 2001과 《양진석의 친절한 건축 이야기》의 속편 성격의 책으로, 건축에 대한 나의 문제의식과 강연을 해 오면서 깨닫게 된 것들이 고스란히 녹아 있다. 시중에는 건축의 역사에서부터 건축의 개념, 건축 디자인 등을 소개한 건축 관련 책들이 꽤 많이 출간되어 있다. 나는 수많은 건축서 중에 하나가 될 이 책이 과연 어떤 의미를 지닐 수 있을까 곰곰이 생각해 보았다.

이 책이 사람들에게 건축에 대한 흥미를 불러일으키기 위한 촉매제 역할을 했으면 하는 작은 바람이 있기에 입문서 성격이 강한 책으로 구성했다. 그렇다고 유명 건축가 이름을 나열하고, 그들의 작품을 단순히 소개하려는 책은 아니다. 물론 독특한 건축물을 구경하고 나서 쓴 건축기행문도 아니다.

이 책은 건축을 통해 우리의 삶을, 삶의 이치를 이야기하고자 한다. 경영, 마케팅, 제조, IT, 인문, 문화, 예술, 서비스 등 우리가 속해 있는 각 분야를 건축이라는 키워드를 놓고 바라볼 때 얼마나 사고의 지평이 넓어질 수 있는지를 보여 주고자 한다.

이 책에는 유럽, 미국, 일본 등 세계 여러 나라에 존재하는 건축과 도시 이야기가 등장한다. 현재의 한국 건축은 서구와 일본의 영향을 받아 성립되었기 때문에 그들의 건축을 살펴보는 것은 중요한 일이다. 특히 건축이라는 단어도 그렇고, 건축을 이루는 전문 용어는 일본에서 들어온 것이 많다.

예전에 발표했던 2권의 책과 마찬가지로 이 책도 독자들이 다양한 시각으로 건축을 이해할 수 있었으면 좋겠다는 생각으로 써 내려갔다. 꼭 알아 두면 좋을 만한 건축에 대한 상식은 물론이고 교양으로서의 건축, 디자인으로서의 건축, 산업으로서의 건축, 사유로서의 건축, 예술로서의 건축 등 다양한 주제를 다루었다.

독자들이 쉽게 건축에 다가갈 수 있었으면 좋겠다는 생각으로 건축 분야에서만 통용되는 전문적인 단어는 가능한 한 사용하지 않았고, 독자들이 쉽게 이해할 수 있는 문장으로 쓰기 위해 노력했다. 특별한 의미와 가치가 있는 건축물을 보여 주고 그러한 건축을 통해 건축가가 전달하고자 했던 메시지를 풀어 설명해 주는 동시에, 건축가 양진석의 눈으로 그 건축을 둘러싸고 일어나는 여러 가지 현상들을 해석했다.

지난 몇 년 간 나는 건축가이며 건축연구자, 또한 교육자로서 새로운 경험을 했다. NA21 건축 최고 경영자 과정, 파이포럼의 주임교수로 일하면서 리더들을 대상으로 열심히 건축 교육을 해 왔다. 바쁜 시간을 쪼개어 리더들과 대화하고, 그들과 같이 건축 답사도 다니면서, 너무나 많은 보람을 느낄 수 있었다.

이런 일들을 통해 나름 건축계에 조금이나마 기여했다고 자부한다. 내가 교수진으로 초빙한 여러 건축가들은 건축 최고 경영자 과정에 참여한 리더들로부터 프로젝트 설계 의뢰를 받기도 했다. 어쩌면 건축계와 건축학도들을 위해서 내가 해 줄 수 있는 것은 건축 외연의 확장이었는지도 모르겠다. 나 스스로도 리더들과 함께하면서 건축 앞에서 더욱 겸허해지고, 많이 배우고 느낄 수 있는 시간이었다. 이 자리를 통해 200명의 원우들에게 감사하다는 말을 전한다.

나는 2015년 초부터 12주 과정으로 국회 인문학 과정 중 도시건축 과정의 주임 교수를 맡아 커리큘럼을 짜고, 교수진을 섭외하는 등 바쁜 교육 일정을 소화했다. 이 과정을 통해 많은 국회의원들과 고위직 공무원들을 만났다. 그들과 함께 건축과 도시에 대해 깊이 고민하면서 많은 것을 느꼈다. 국회 안에서도 건축에 대한 관심이 상당히 높다는 것을 직접 확인하는 계기가 되었다. 어쩌면 이런 간접경험이 책을 쓰는데 많은 영향이 주었다고 할 수 있다.

이 책은 삼성경제연구소 'SERI CEO'의 온라인 강의 방송을 계기로 세상에 나오게 되었다. 2013년부터 거의 3년 동안 SERI CEO의 〈양진석의 친절한 현대건축 이야기〉 시리즈 30강을 진행했는데, 이 책의 70% 분량은 바로 방송용 원고를 단행본 형식에 맞게 다시 정리한 것이다. 책에는 방송에서 다루지 못했던 내용들을 추가했고, 내용도 섬세하게 수정·보완했으며, 자료도 더 보강했다. 'SERI CEO'는 많은 경영자들이 즐겨 보기 때문에 특히 '경영'이라는 키워드를 염두에 두고 건축을 바라볼 때 얻을 수 있는 것들을 보여 주고자 했다. 기업이든 개인이든 건축물, 공간, 부동산, 시설물 등을 '건축'이라는 분야로 묶어서 바라보고 해석하면 훨씬 더 재미있고 유익한 지식들이 보일 것이다.

이 책이 나오기까지 도움을 준 많은 분들이 떠오른다. 오래도록 인연을 이어 온 삼성경제연구소의 이용규 님, 차영미 님. 이분들이 SERI 강의를 맡아 달라는 요청을 해 왔을 때 망설임 없이 흔쾌히 승낙했던 것은 모두 그들에 대한 신뢰가 컸기 때문이다. 또한 방송을 맡았던 김경훈PD는 내가 자칫 균형 감을 잃거나 너무 전문적인 내용으로 흘러가지 않도록 방향을 잘 잡아 주고 조정해 주었다. 강의를 위해 깊은 관심과 정성을 쏟아 준 SERI CEO의 관계자들과 수고해 준 많은 촬영·편집 스태프들에게 지면을 빌어 감사하다는 말을 전한다. 무엇보다 방송을 보고 항상 높은 평점을 주며 격려해 준 SERI CEO 회원 여러분들에게 깊이 감사드린다.

이 책이 우리의 건축과 도시, 나아가 우리가 살아가는 환경을 조금이나마 개선시키는 데 작은 역할을 할 수 있었으면 하는 작은 소망이 있다. 또한 건축 현업에서 많은 고민을 하고 있는 분들, 미래에 대한 고민이 많은 학생들, 도시와 건축에 관심이 많은 분들에게 이 책이 도움이 되었으면 하는 바람이다.

이 책이 세상에 나와 빛을 볼 수 있었던 것은 디자인하우스 김은주 편집장의 힘이 컸다. 깊은 애정과 관심으로 초고를 살펴 주었고, 출간될 때까지 세심하게 배려해 준 그에게 깊은 감사의 마음을 전한다. 결정적인 가교 역할을 해 준 양은경 이사, 시간이 없다는 핑계로 전달한 거친 문장의 초고를 편집한 전은정 씨에게도 감사의 말을 전한다. 내가 전속 연사로 몸담고 있는 강연전문기업 '마이크임팩트'는 이 책의 출간을 누구보다도 응원해 주었고, 마케팅 홍보에도 적극적인 지원을 약속해 주었다. 진심으로 감사한다. 이 책은 무엇보다 PYG그룹 식구들의 양해와 지원이 있었기에 세상에 나올 수 있었다. 이 역시 너무나 감사한 일이다.

또 감사의 말을 전하고 싶은 분들이 있다. 이 책 안에 등장하는 사진은 기본적으로 내가 찍은 것들이 많지만, 지난 몇년 간 함께 건축 공부를 한 분들의 사진도 많다. 이분들은 건축 공부를 하면서 출장이나 여행을 할 때 건축 견학 일정을 꼭 넣을 정도로 열정적으로 건축 공부에 임했다. 자신이 눈으로 보고 느낀 것들을 열심히 사진에 담았고, 그 결과의 일부를 이 책에서 확인할 수 있다. 전문가들의 사진도 아니고, 스마트폰으로 찍은 것도 있지만 건축을 공부하는 사람들의 시각이 고스란히 담긴 이런 사진을 사용하는 것도 의미가 있다고 생각했다. 물론 이 책에는 건축계에서 활동하고 있는 몇몇 분들이 제공해 준 소중한 사진도 실려 있다. 이런 도움의 손길이 있었기에 책의 가치가 더욱 높아질 수 있었다고 생각한다. 모든 분들께 감사드린다.

마지막으로 평생 못난 아들을 묵묵히 지켜봐 주는 어머니와 아버지, 항상 자신의 바쁜 연주 활동에도 불구하고 최선을 다해 내조하고 남편을 격려해 주는 아내 바이올리니스트 김주현, 그림 그리기를 좋아하고 항상 밝은 웃음으로 집안 분위기를 환하게 만들어 주는 유진이, 그리고 가족, 친지들에게 고마운 마음을 전한다.

2016년 10월
양진석

CONTENTS

인간

인간을
이해한
건축물은

아름답다

친구를 만들어 주는 곳,
소통이 이루어지는 곳

도쿄 후지유치원
코펜하겐 티에트겐 기숙사

커다란 도넛 모양의 후지유치원

보기만 해도 기분이 좋아지는 동그란 '도넛' 모양의 재미있게 생긴 건물이 있다. 일본 도쿄에 자리한 후지유치원과 덴마크 코펜하겐에 있는 티에트겐 기숙사다. 중정을 품고 있는 원형 건축으로 마치 UFO를 연상시키는 이 독특한 건물들은 생김새뿐만 아니라 건물에 담긴 '의미' 때문에 더 큰 주목을 받고 있다.

후지유치원은 도쿄 다치카와시에 위치하고 있는데, 외곽에 위치해 있음에도 불구하고 대기자가 줄을 이을 정도로 모든 학부형들이 보내고 싶어 하는 유치원이다. 이 유치원은 테즈카건축사무소Tezuka Architects의 작품이다. 이 작품으로 유명해진 건축가 테즈카 타카하루手塚貴晴는 '하나의 마을을 만든다'라는 생각으로 유치원을 설계했다고 한다. 후지유치원은 전체적으로 나지막한 단층 건물로, 4800제곱미터약 1500여 평대지에 건물이 1420제곱미터약 470평, 중간의 마당은 약 1650제곱미터약 500여 평 규모로 지어졌다.

후지유치원은 한눈에 봐도 동그란 모양을 하고 있다. 마치 아이들이 손을 잡고 강강수월래를 하며 도는 것 같은 형태다. 교실은 옆으로도 위로도 개방감이 느껴지는 공간으로 구성되어 있다. 한눈에 들어오는 건물 배치는 기존 유치원과 확실히 차별화된 형태라는 것을 알 수 있다. 어떤 교실에서나 아이들이 뛰어 노는 것이 보이고, 어떤 교실에서나 햇볕이 아주 잘 들어오는 구조다. 또한 아이들이 떠드는 소리가 공간 안에서 어우러져 유치원의 배경음악처럼 들리고 공명까지 되기 때문에 특이한 공간 경험을 할 수 있는 곳이기도 하다.

곳곳에 묻어나는 아이들을 위한 섬세한 배려

이 유치원은 심플한 원형 건물이다. 교실이 원형으로 배치되어 있고, 중정에서 아이들이 뛰어놀 수 있게 되어 있다. 총 183미터 길이의 원형 유치원인데 실제로 가서 보니 상당히 아늑한 공간이었다. 건축을 의뢰한 유치원 원장은 "아이들이 커서도 기억할 수 있는 유치원을 짓고 싶었다"고 한다. 이런 건물이 되려면 건축에 특별한 건축적 메시지가 담겨야 했고, 아이들이 그 공간에서 특별한 기억을 만들 수 있어야 했다. 결국 이 유치원은 원장의 바람대로 지어졌다. 나 자신도 이 건물을 직접 보고 난 뒤 계속해서 그 모습이 머릿속에 맴돌았을 정도다.

이 유치원 건축의 백미는 바로 옥상이다. 아이들이 자유롭게 옥상 위로 올라가서 뛰어다닐 수 있게 만들어졌는데, 아이들이 넘어져도 다치지 않도록 바닥에 나무 소재를 사용했다. 옥상에 올라가면 신기하게 건물을 관통해 자라고 있는 나무들을 볼 수 있다. 25미터 높이의 큰 느티나무 세 그루를 그대로 살려서 만들었기 때문에 그 유치원은 오랜 시간 그 동네에 있어 왔던 건축처럼 느껴진다. 옥상에 올라간 아이들이 그 느티나무를 오르락내리락 하면서 놀 수 있도록 밧줄로 안전하게 구멍 부분을 메워 놓은 것도 인상적이다. 이것 역시 건축가의 아이디어였다고 한다.

이 유치원의 아이들은 별 다른 제약 없이 주변 환경을 즐길 수 있다. 특히 옥상의 핸드레일은 아이들을 위한 세심한 배려가 돋보이는 부분으로, 수직으로 바가 설치되어 있어 안심할 수가 있다. 아이들을 위한 배려는 여기서 끝나지 않는다. 안전 바는 11센티미터 간격으로 세워져 있는데 바 사이로 아이들이 손을 넣고 다리도 넣어 볼 수 있도록 만들어졌다. 실제로도 아이들이 아주 좋아하는 놀이기구의 하나가 바로 이 핸드레일이다. 물론 만약의 사고를 대비해 안전하게 설계했다. 건축가는 아이들이 다리를 넣고 노는 모습을 상상하면서 이런 간격으로 디자인을 했다고 한다. 안전 철조망 하면 사회와의 단절을 연상시킬 정도로 살벌한 디자인이 연상되는데, 후지유치원은 안전 바 하나도 아이들의 심리를 잘 읽어서 세심하게 설계한 것 같다.

자연의 품에 안겨 놀 수 있는 아이들의 놀이터

: 옥상과 트리하우스

옥상 바닥에는 여러 개의 천창들이 있다. 이렇게 만든 이유는 아이들이 유치원이라는 '놀이 공간' 안에서 아래위로 쳐다보면서 놀게 하려는 것이다. 창의 주요 기능은 채광이지만, 아이들을 위한 놀이요소까지 부가한 일석이조의 디자인인 셈이다.

또한 마당에서 옥상으로 올라가는 계단도 눈여겨볼 만하다. 흙으로 마운드작은 언덕이나 둑를 만들어 아이들이 쉽게 올라가고 내려올 수 있도록 계단을 짧게 만들었다. 미끄럼틀의 경우 나도 한번 타보고 싶은 생각이 들 정도로 재미있어 보였다. 전체적으로 고급 마감재를 사용하기보다 나무 같은 소박하고 친근한 자재를 주로 사용한 것도 이 유치원 건물의 특징이다. 내가 그 유치원을 방문했을 당시 높은 하늘을 만끽할 수 있는 가을이었기 때문에, 각 교실은 문을 활짝 열어 놓고 수업을 하고 있었다. 거의 모든 실내와 실외가 하나 되어 전체적으로 놀이동산 같은 분위기였다.

도넛 건물 뒤쪽에 자리한 유치원의 별관인 트리하우스도 아주 인상적이었다. 이곳에서는 아이들에게 영어를 가르치고 있다고 한다. 이 건물 가운데에는 어른 두 사람이 팔을 벌리고 안아도 서로 손이 닿지 않을 만큼 밑동이 굵고 튼튼한 큰 느티나무가 있는데, 이 건물은 이 고목 둘레를 따라 지어졌다. 바닥에서부터 나무 둘레를 따라 지어진 경사가 낮은 계단을 이용해 올라가기 때문에 이름도 'ring around a tree'다. 그야말로 이 건축가는 자연과 하나된 건축을 탄생시킨 것이다. 내가 그 건축물을 돌아보는 사이에도 아이들은 신나게 계단을 뛰어다니고 있었다. 외벽 역시 거의 전면이 유리로 되어 있기 때문에 아이들이 자연스럽게 계절마다 바뀌는 자연 풍광을 느낄 수 있다는 것도 이 건물의 장점이다.

건축적인 사고가 문제를 해결한다

500명이나 되는 아이들이 다니고 있는 후지유치원의 인기는 폭발적이라고 한다. 대기자도 많고, 멀리서도 아이들을 보내기 위해 신청을 한다. 아마도 자연친화적인 환경 속에서 아이들이 마음 놓고 뛰어 놀 수 있도록 배려한 유치원 공간 덕분일 것이다.

'유치원은 아이들의 천국이 되어야 한다', '유치원은 아이들의 기억 속에 오랜 시간 살아 있는 공간과 건축이 되어야 한다'는 생각은 어찌 보면 지극히 당연한 이야기다. 이렇게 당연한 생각을 충실하게 건물에 재현한 곳이 바로 후지유치원이다.

그곳을 방문했을 때 유치원에 다니고 있는 아이들이 마냥 행복해 보였고, 밖에서 기다리고 있는 부모님들의 얼굴도 매우 흡족한 표정이었던 것이 기억난다. 얼마 전에 유치원 폭력교사 사건 뉴스로 연일 언론이 시끄러웠던 적이 있는데, 어쩌면 그런 문제를 해결할 수 있는 실마리가 건축에 있는 지도 모른다.

아동 폭력의 문제는 CCTV를 몇 개를 더 단다고 해결될 문제가 아니다. 근본적으로 공간 구성에 대해 다시 고민해 봐야 한다. 유치원 아동 폭력의 문제는 결국 '비밀스러운 폭력'을 가능하게 만들어 준 폐쇄된 공간이 문제였다.

건축에 대한 고민을 시작하게 되면 이러한 문제 해결을 위한 실마리를 찾을 수 있다. 건축적인 사고를 통해 개방적이면서도 아이들이 좋아할 만한 유치원 공간을 계획하는 것, 그것이 바로 해결책이라는 생각이 든다. 이 도넛 유치원의 개방성 덕분에 아이들은 안전하고 신나게 놀 수 있다. 물론 이 공간은 아이들에게만 좋은 것이 아니다. 아이들을 유치원에 보낸 부모들도 이 유치원에 오면 언제든지 자신의 아이들이 노는 모습을 손쉽게 볼 수 있어 그 만족도가 높다.

호텔처럼 쾌적한 티에트겐 기숙사

유럽에도 이런 도넛 모양의 유명한 건축이 하나 있다. 바로 덴마크 코펜하겐에 위치한 티에트겐 기숙사Tietgenkollegiet다. 2005년에 지어지자마자 세계인의 주목을 끈 이 건물은 사실 기숙사의 대표작이라도 해도 과언이 아니다. 7층 규모로 총 360명을 수용할 수 있는 이 동그란 모양의 기숙사는 실제로 보면 5개 동으로 나눠져 있는데, 전부 연결 복도로 이어져 있다. 한 동당 12개의 스튜디오와 공동시설이 갖추어져 있고, 방 하나가 약 33제곱미터약 10평 정도를 차지하고 있다.

사실 후지유치원이나 티에트겐 기숙사처럼 동그란 모양의 건축물은 우리 주변에도 꽤 많이 있다. 하지만 이 건물들이 주목 받는 이유는 분명히 있다. 바로 건축의 주요 콘셉트가 '소통'이기 때문이다. 소통을 위한 상징적인 공간은 바로 중앙에 있는 큰 원형 마당이다. 학생들은 이 공간을 통해 서로 만난다. 또한 공용 공간, 주방, 독서실, 휴게실 등 모두가 사용하는 공간들이 전부 이 마당을 향해 있다.

이 마당 때문에 마당을 둘러싸고 있는 이 동그란 건축이 더욱 가치가 있는 것이다. 형태만 특이했다면 이 건물이 그렇게 주목 받지 못했을 것이다. 통상 공간의 의미와 기능이 조화롭게 합체될 때 '좋은 건축'이라 한다. 티에트겐 기숙사는 좋은 건축이 갖추어야 할 조건들을 잘 보여 주고 있다.

이 기숙사는 도넛 모양 뿐만 아니라 건축 재료 역시 후지유치원과 아주 흡사하다. 주로 나무 소재로 마감을 해서 자연적인 분위기를 물씬 풍긴다. 딱딱한 느낌을 주기 쉬운 콘크리트 건물에 적절하게 적극적으로 나무를 활용해 부드럽고 자연스런 분위기를 연출했다. 이 기숙사를 설계한 건축가 룬드가르드Lundgaard와 트란베르그Tranberg는 나무 소재를 잘 활용한 건축가에게 주어지는 상인 '트래피리센나무 상'이란 상을 받기도 했다.

건축은 기본적인 것, 당연한 것을 잘 표현했을 때, 그리고 건물이 수행해야 할 기본적인 역할을 제대로 수행했을 때 비로소 그 가치가 돋보인다. 사실 세상에는 기본적인 요구조차도 제대로 들어주지 못하는 건축이 너무나 많다. 후지유치원과 티에트겐 기숙사는 독특한 형태의 건물에서 끝나지 않고, 건물 사용자들의 마음을 잘 읽어 건물의 존재 이유를 잘 표현한 '기본에 충실한' 건축의 대표적인 사례다.

　　아이들에게 가장 의미 있는 친구를 만들어 준 후지유치원과 소통의 장, 지식의 장으로 거듭난 티에트겐 기숙사는 잘 만들어진 공간이 어떻게 진정한 교육이 이루어지는 체험 현장이 될 수 있는지를 잘 보여 주고 있다.

원형으로 배치된 교실과 아이들이 놀 수 있도록 만든 중정이 특징인 후지유치원.
목재로 마감된 옥상에서도 아이들이 마음껏 뛰어놀 수 있다.

'소통'을 콘셉트로 해 지어진 도우넛 모양의 티에트겐 기숙사.
이 기숙사의 모든 공간은 중앙의 큰 마당을 향해 있고
주요 마감재가 목재라 전체적으로 부드럽고 자연스러운 분위기를 연출하고 있다. ⓒ 윤명운

본관처럼 원형으로 지어진 별관 트리하우스.
기존 느티나무를 살려서 그 둘레에 지은
이 건물의 이름은 '링 어라운드 어 트리'다.

건축,
마음을 담는 그릇

이토 토요의 '모두의 집'
시게루 반의 '종이 건축'
조성룡의 세월호 모형

상처 입은 사람들을 위로하는 집을 짓다

: 이토 토요

이따금 발생하는 대형 재해 사건은 우리의 마음을 참 안타깝게 한다. 돌이켜 보면 참으로 불행한 재해가 많이 일어났는데, 그런 참혹한 재해 현장에서 건축가들의 활동이 주목 받는 경우가 가끔 있다.

2011년 3월, 일본 미야기현 게센누마마을에서는 일본 기상 관측 역사상 최대 규모인 리히터 9.0의 지진이 발생해 2000명에 달하는 주민이 사망하고 실종되는 사건이 일어났다. 일본 열도를 충격에 빠트린 동일본대지진이 일어난 것이다. 이때 일본의 건축가 이토 토요*가 중심이 되어 이재민을 위한 임시주택을 짓는 '모두의 집Home for All' 프로젝트가 진행되었다. 이토 토요는 "건축가라는 사람들이 자본과 결탁하여 일반 대중과 동떨어진 작품 활동에만 매진해 온 것을 반성해야 한다"라며 후배 건축가와 함께 재해 현장으로 달려갔다.

임시주택은 콘크리트 벽과 경사 지붕으로 꾸며진 단순한 구조로 지어졌고 세련된 디자인은 커녕 특이한 조형이나 공간감이 있는 건축도 전혀 아니었다. 건축 재료는 지진과 해일로 쓰러진 소나무를 적극 이용하는 등 현지에서 최대한 조달했다. 임시주택의 목표는 재해 지역 주민의 삶을 최우선적으로 고려한 주택을 짓는 것이었다.

---

* 이토 토요 伊東豊雄

1941년 서울에서 태어난 일본의 건축가. 초기에는 주로 개인 주택 작업을 많이 했으며, 도시 비판적 메시지를 담은 다양한 활동을 펼쳤고, 비용이 적게 드는 미니멀한 건축으로 주목 받았다. 건축 재료와 형태를 끊임없이 실험하고 건축가들의 사회적 역할에도 큰 관심을 가지고 있는 이토 토요는 현재 이토토요건축설계사무소 대표이며 지금까지 황금콤파스상(2004), 왕립영국건축가협회 금메달(2006), 프리츠커상(2013) 등 건축계의 굵직한 상을 많이 수상했다. 대표작으로는 요코하마 바람의 탑, 센다이미디어테크, 도쿄 토즈 오모테산도 등이 있다.

모두의 집 같은 형태의 건물은 어쩌면 초기 원시인들이 짐승과 재해로부터 자신과 가족을 보호하기 위해 만든 쉼터shelter를 연상시킨다. 모두의 집에는 동일본대지진이 휩쓸고 간 폐허 위에 상처 입은 이들이 쉴 수 있는 쉼터를 건설하겠다는, 디자인의 사회적 책임을 강조하는 건축가의 철학이 담겨 있다. 화려하고 멋있는 건물은 아니지만, 모두의 집은 그 어떤 근사한 현대건축의 디자인보다 가슴에 와 닿는다.

프리츠커상은 최근 시각을 바꾸어 이렇게 사회 참여적인 건축가에게 눈을 돌렸다. 이토 토요는 이러한 분위기 속에서 2013년 프리츠커상을 수상했는데, 바로 모두의 집 프로젝트의 영향이 컸다고 할 수 있다. 사실 이토 토요는 일본이나 중국 유럽 등지에서 주목할 만한 건축을 많이 남기긴 했지만 프리츠커상을 수상할 정도는 아니었다. 하지만 이 원로 건축가는 건축가가 보여 주어야 할 사회적 책임을 감당하는 활동을 하면서 노년에 더욱 관심을 받게 되었다. 그는 말년에 작업한 모두의 집에 건축 행위에 사회적 책임을 더하겠다는 자신의 의지를 담았다. 그리고 건축가가 평생 어떠한 행보를 해야 하는지 다른 건축가들에게 귀감이 되었다.

빨리, 쉽게, 저렴하게 지을 수 있는 종이 집
: 시게루 반

일본은 2013년에 이어 2014년에도 2년 연속으로 프리츠커상 수상자를 배출하며 역대 가장 많은 6명의 프리츠커상 수상자를 배출한 국가가 되었다. 주인공은 바로 시게루 반**이다. 시게루 반 역시 이토 토요와 마찬가지로 건축으로 사회 공헌을 했다는 이력을 인정 받은 케이스로, 2년 연속 일본 건축가가 프리츠커상을 수상했다는 것과 연이어 사회 참여적인 성격의 건축을 한 사람이 수상자로 선정되었다는 점이 세상을 더욱 놀라게 했다.

건축가 중에서도 사회 참여적인 작품을 특히 많이 발표한 시게루 반의 대표작은 1994년 내전 때문에 집을 잃은 르완다 난민들을 위한 종이 주택이다. 그는 종이 파이프를 이용한 난민 거주지를 만들어 재난 피해 복구 활동에 참여했다. 건축의 기본 구조를 우리가 일반적으로 생각하는 건축 자재가 아니라 종이로 만든 봉으로 완성한 것이다. 당시 르완다는 먹을 것은 물론이고 건축 자재를 구하기 힘든 곳이었고, 내전으로 인해 당장 머물 공간이 필요한 곳이었기 때문에, 자재를 구하기도 쉽고 쉽게 빨리 설치할 수 있는 종이 주택은 난민들에게 환영 받을 만한 것이었다.

아마 종이로 건축을 짓는다는 것 자체가 믿기지 않을지도 모른다. 시게루 반은 원래 '종이 건축가'라는 별명으로 불릴 정도로 종이라는 재료의 성질을 잘 활용해 건축을 하는 사람으로 유명하다. 시게루 반은 1990년대 초반부터 여러 실험을 통해 종이라는 소재에 방수·방염 처리를 할 수 있다는 것을 발견했다. 또한 종이가 의외로 매우 단단한 소재이기 때문에 원한다면 상설 건물 자재로도 사용할 수 있고, 가격이 저렴하고 재활용할 수 있다는 큰 장점을 가지고 있다는 것을 알게 된다. 시게루 반은 환경과 재생에 대한 대중의 관심이 시작되기 한참 전부터 기존 건축 자재보다 훨씬 친환경적인 재료를 찾아내고자 끊임없이 연구하고 실험한 것이다. 실제로 그는 집, 미술관 등을 종이로 만들며 세간을 놀라게 하는 건축을 계속 발표했다.

** 시게루 반坂茂

1957년에 태어났다. 빈민층이나 재난·분쟁지역의 사람들 등 사회 취약계층의 주택 문제에 지대한 관심을 가지고 있는 그는 종이를 비롯해, 대나무, 천, 플라스틱 등 저렴하고 재활용할 수 있으며 자연친화적인 소재를 사용해 건축을 하는 사람으로 유명하다. 대표작으로는 커튼월하우스, 엑스포2000 일본관, 퐁피두메츠센터, 메탈셔터하우스 등이 있고, 올림픽공원에 세워졌던 페이퍼테이너뮤지엄도 그의 작품이다. 프랑스 건축아카데미상(2004), 마이니치디자인상(2012), 프리츠커상(2014) 등을 수상했다.

이렇듯 시게루 반의 종이 건축은 일상적으로 사용하는 건물에도 많이 적용되었지만, 특히 재난 현장에서 더욱 진가를 발휘했다. 그는 르완다 사태 이후 1995년 고베지진이 일어났을 당시 집을 잃은 사람들을 위로하고자 임시 거처를 디자인하는 일을 맡았다. 기본 아이디어는 프라이버시를 지켜 주는 칸막이를 설치하는 것이었다. 종이 박스로 바닥과 기본적인 틀을 만들고 종이 봉으로 연결한 후에, 천을 사용해 개인 공간을 가려 준 것이다. 간단한 아이디어였지만 이재민들에게는 큰 도움이 되었다.

시게루 반의 종이 건축은 단순한 칸막이를 만드는 것에만 적용될 수 있는 것이 아니었다. 당시 다카오리 가톨릭교회라는 임시 성당도 종이 구조로 지어졌는데, 원래 3년 동안만 설치해 사용할 계획이었다가 10년 간 사용되었다고 한다. 이 성당은 이후 2005년 타이완 지진이 발생했을 때 자원봉사들의 도움으로 재난 지역으로 옮겨 다시 이용하기도 했다. 종이 구조가 10년을 버틴 것도 대단하지만, 재활용되어 다시 많은 사람들을 위한 건축물 역할을 했다는 것도 아주 의미심장한 것이라 생각된다. 그 어떤 잘 지은 성당 못지않게 이 종이 성당의 의미는 깊다고 봐야 한다.

2011년 3월, 동일본대지진이 일어났을 때도 시게루 반은 어김없이 재해 현장으로 달려갔다. 이재민들에게 칸막이를 제공한 것은 물론이고, 임시 공동 주택 설계 과정에도 참여했다. 시게루 반이 참여해 지은 공동 주택은 종이가 아닌 화물용 컨테이너를 나란히 층층으로 배열해 만든 것으로 188가구가 입주했고, 또 발생할지도 모를 지진에 대비해 내진설계까지 해서 3층 높이로 안전하게 만들었다. 종이가 되었든, 컨테이너가 되었든, 그에게는 쉽고 신속하게 설치할 수 있는 건축 자재가 중요했던 것이다.

선체 모형으로 세월호 구조 활동을 돕다

: 조성룡

2014년 4월 16일, 대한민국 전체가 슬픔에 잠겼다. 수학여행을 떠나는 아이들을 실은 세월호가 침몰한 것이다. 충격적인 사고가 발생한 다음 날, 구조 본부 현장에 한 건축가가 나타났다. 밤을 새워 세월호 선체 모형을 만들어 현장을 방문한 그 건축가는 바로 우리나라를 대표하는 원로 건축가 중 한 명인 조성룡***이다. 그는 아주 어려운 배의 구조를 사람들이 한눈에 알기 쉽게 파악할 수 있도록 모형을 제작해 구조에 조금이라도 도움이 되었으면 하는 바람으로 현장을 찾았다고 했다.

잠수부가 아닌 이상 대부분 뉴스를 보며 가슴 아파해야만 하는 상황에서 자신의 재능을 활용해 구조 작업을 도운 원로 건축가의 행동에 많은 이들은 존경의 박수를 보냈다. 나 자신도 건축가 중 한 명으로 숙연한 마음이 들었다. 건축가가 인명 구조 활동을 위해 복잡한 선실 설계 도면을 이해하기 쉬운 입체모형으로 만들어 해경에 전달한 것은 건축계에서 처음 있는 일이었다. 조성룡의 이런 행동은 건축가가 다양한 방법으로 사회문제 해결에 기여할 수 있다는 가능성을 보여 준 것이라 할 수 있다.

***

*** 조성룡

1944년 일본에서 태어난 한국의 대표적인 건축가. 현재 조성룡도시건축의 대표와 성균관대학교 건축학과 석좌교수를 맡고 있다. "건축은 단순한 집짓기가 아니라 다른 사람의 삶을 조직해 주는 것"이라고 말하는 조성룡은 그의 첫 번째 공공 프로젝트인 아시아 선수촌 아파트(1983)로 큰 주목을 받았다. 그밖에 의재미술관으로 한국건축문화대상(2001)을, 선유도공원으로 건축가협회상(2003)을 받았고, 2014년에는 그해 처음 생긴 '올해의 건축가'상 초대 수상자가 되었다.

건물을 디자인하고 짓는 것은 언뜻 보면 자본의 논리에 의해 움직이는 것처럼 보인다. 하지만 건물은 결국 사람들이 이용하는 것이라는 진리를 몸소 건축을 통해 보여 주는 건축가들도 많다. 사람들 안에서, 사람들을 위한 건축을 설계하고 짓는 건축가들이 있기 때문에 대중들은 더욱 건축과 가까워질 수 있다. 현지에서 구할 수 있는 재료를 사용하거나, 손쉽게 설치할 수 있는 방법을 이용해 건물을 지어 아픔을 겪는 사람들에게 실질적인 도움을 주는 것, 모형을 잘 만들 수 있는 자신의 재능을 기부해 원활한 구조 활동을 가능하게 돕는 것.

앞에서 언급한 세 명의 건축가들의 모습은 건축이 단순히 돈이 많이 들어가는 고도의 기술이 필요한 작업을 의미하는 것이 아니라, 인간을 이해하고 보듬을 수 있는 따뜻한 마음을 담을 수 있는 작업이라는 사실을 알려 주고 있다. 결국 좋은 건축이란 사람과 더불어, 사회와 더불어 존재하는 건축이라는 생각이 든다.

위 : 지진에도 견딜 수 있도록 지어진 뉴질랜드의 골판지 성당(Cardboard Cathedral) Wikipedia ⓒ Schwede66
아래 : 임시 성당으로 이용하다가 타이완 지진이 발생했을 때 재난 지역으로 옮겨 재활용했던
다카오리 가톨릭교회 내부. Wikipedia ⓒ Bujdoso Attila

경

험

특별한 경험을
창조하는,

이야기를 품은
건축

건축에
화려한 옷이 아닌,
이야기를 입히다

국립현대미술관 서울본원
전쟁과여성인권박물관
윤동주문학관

건축가가 다른 건축가의 작품을 소개한다는 게 그리 쉬운 일은 아니다. 하지만 나는 과문한 선배 건축가가 애정어린 시선으로 후학 건축가를 지지하는 마음으로 이 글을 적어 본다. 그들에게 기회를 더욱 열어 주고 많은 사람들에게 알리는 것이 나의 역할 중 하나라고 믿고 있기 때문이다.

최근 서울에도 주말에 가족과 함께 가볼 만한 곳이 많이 생겼다. 꼭 한 번쯤 봐야 하는 건축물 중에 전도유망한 한국의 젊은 건축가의 작품이 꽤 많다. 3~40대의 젊은 건축가들은 많은 경우 유학을 다녀왔고, 꽤 풍요로운 건축 교육 환경 속에서 건축을 공부한 세대다. 그들이 사용하는 건축 언어는 세계 건축계와 어깨를 나란히 할 수 있을 정도로 '글로벌'하다. 하지만 맹목적으로 선진 건축을 탐하고 모방하는 것이 아니라, 자신만의 독특한 건축 언어로 '한국'의 색깔을 나타내는 사람들이 많다. 나는 이런 젊은 건축가 중에 머지않아 건축계의 노벨상인 프리츠커상 한국 최초 수상자가 나오지 않을까 조심스럽게 기대하고 있다. 이 글에서는 주목할 만한 한국의 젊은 건축가들이 참여한 서울의 인상적인 건축물에 대한 이야기를 할까 한다.

화려하지는 않아도 의미가 있는 열린 공간
: 국립현대미술관 서울본원

처음 소개할 건축은 경복궁 옆에 자리 잡은 '국립현대미술관 서울본원'이다. 서쪽으로는 경복궁, 동쪽으로는 북촌이 자리한 이곳은 역사와 전통이 깃든 곳이다. 국립현대미술관 서울본원의 설계는 건축가 민현준을 주축으로 한 컨소시엄consortium, 여러 기업체가 공동으로 참여하는 방식이나 모임이 참여했다. 100:1의 경쟁을 뚫고 설계 공모에 당선된 민현준은 건물이 준공되기까지 있었던 여러 가지 어려움을 잘 극복해 낸 뚝심 있는 젊은 건축가다. 미술관이 들어선 자리는 역사·문화·환경 보존지역에 해당하기 때문에 까다로운 건축 제한 조건이 많은 곳이었다. 각종 인허가 심의 등 절차만 해도 수십 가지를 거쳐야 했고, 관여하는 부서도 많았다. 하지만 이 모든 어려운 여건 속에서도 4년에 걸쳐 건물을 완성했다. 종로구 소격동에 위치한 국립현대미술관 서울본원은 도심에 지은 신축 건물치고는 '얌전한' 건물이다. 최근 서울시청 신청사와 동대문디자인플라자DDP에 비하면 아무런 제스처가 없는 것처럼 보이기도 한다. '심심한' 건축인 셈이다. 혹자는 존재감을 느낄 수 없다고 혹평하기도 한다. 하지만 국립현대미술관 서울본원은 겉모습은 눈에 띄는 것이 없이 화려하지 않아도 미술관 자체가 지닌 힘은 강한 곳이다.

　　　　건축가는 국립현대미술관 서울본원이 넓은 마당을 두고 사이사이 독립된 전시장이 배치되어 있는 일명 '군도형 미술관' 형식으로 디자인되었다고 이야기한다. 섬이 여기저기 흩어져 있는 것처럼 건물을 배치했다 해서 '군도群島'라는 말이 붙었다. 조감도를 보면 이를 쉽게 이해할 수 있다. 중간 중간 비어 있는 공간은 바로 마당 혹은 중정이라 할 수 있는데, 민현준은 미술관 마당, 종친부 마당, 경복궁 마당, 도서관 마당 등 4개의 마당을 중심으로 시설을 배치했다.

　　　　이곳은 동선이 정해져 있는 기존 미술관과는 달리 어떤 방향에서도 자유롭게 드나들 수 있는, 소위 문턱을 많이 낮춘 미술관이다. 국립현대미술관 서울본원에 온 사람들은 입구가 어딘지 어디가 미술관 내부인지 헷갈린다. 기존 미술관과는 다르게 여기저기 건물들이 흩어져 있기 때문이다. 국립현대미술관 서울본원 같은 형식의 건물은 어쩌면 요즘 시대 도심에 가장 필요한 시설이라는 생각이 든다. 서울의 역사를 오롯이 품고 있는 미술관 마당은 사람들에게 도심 속 모임 장소나 쉼터가 되어 주기도 하고, '광장'이라는 공공성이 강한 공간으로 기능하기도 한다. 이 마당에서는 각종 이벤트가 열리고, 옥외 설치 작품도 전시되곤 한다. 또한 사람들은 바로 옆 카페테리아에서 자유로이 거리를 조망할 수도 있다.

형태가 있으면서도 없는 '무형'의 미술관

국립현대미술관 서울본원의 외형은 평범하다. 웅장한 것을 좋아하는 사람은 자칫 실망할 수도 있다. 미술관 관계자의 말에 의하면 이 미술관의 콘셉트는 '무형의 미술관'이라고 한다. '형태가 없는' 것이 아니라 '형태를 강조하지 않았다'는 것으로 해석하면 될 것 같다. 절제된 형태의 외관은 건축가의 의도로, 민현준은 건축 자체보다 역사와 도시적 맥락을 강조한 것으로 보인다. 국립현대미술관 서울본원 부지는 예전 조선시대 종친부와 규장각이 있었던 이씨 왕조의 상징적 공간이었고, 1928년에는 경성의학전문학교가, 그리고 그 후에는 기무사가 자리했던 서울의 옛 기억을 품고 있는 곳이다. 건축가는 이렇게 중요한 역사성을 띠고 있는 땅의 정체성과 상관없이 그저 외관만 화려한 건물을 짓는 것은 도시의 맥락상 장소와 맞지 않다고 판단한 것 같다.

국립현대미술관 서울본원은 새롭게 지어졌지만, 이곳에 새로운 건물만 있는 것은 아니다. 미술관 안에는 제자리에 복원된 종친부 왕실 문중을 관리하던 관청 건물도 있다. 종친부 건물은 마당이나 지하에서 조망할 수 있다. 또한 과거 기무사 국군기무사령부의 줄임말로 군사에 관한 정보 수집 및 수사를 목적으로 만든 국방부 직할 수사정보기관 건물을 옛날 건물 형태 그대로 살려 사용했다. 삼청동 입구에 가로로 긴 형태로 배치된 이 기무사 건물은 미술관 전체의 리셉션 기능을 하고 있다. 그래서 그런지 전체적으로 새 건물이 들어선 것이 아니라 예전 건물을 전체적으로 그대로 살렸다는 느낌을 준다. 이 건물 때문에 새롭게 들어선 것들과 옛것이 충돌해도 잘 조화를 이루고 있는 것처럼 보인다.

차분해 보이는 미술관 외관 마감은 테라코타 타일이라는 소재를 사용했다. 전통 건축의 기와에서 착안해 만들었다는 이 소재는 사실 존재감을 잘 드러내지 않는다. 타일의 색깔도 자극적이지 않아서 경복궁 등 주변 건물과도 무난하게 어울린다. 테라코타 타일은 전통 건축의 기와처럼 살짝 기울어져 있어 햇빛에 반사되어 빛이 퍼지는 모습이 참 아름답고 인상적이다. 반사된 연한 광선은 지하 전시장까지 도달해 쾌적한 지하 전시장 공간을 만들어 주는데 도움이 되고 있다. 8개의 전시관과 멀티미디어 공간 사이에 17미터 높이의 '서울박스'라는 유리로 마감한 전시장이 위치하고 있는데, 유리창 너머로 종친부의 지붕을 보면서 전통과 현재를 넘나드는 공간적 경험을 할 수 있도록 지어졌다. 서울박스는 파리 루브르박물관 앞 유리 피라미드를 연상시키기도 한다.

이 미술관은 런던의 테이트모던갤러리, 일본의 가나자와 21세기 미술관처럼 '열린 미술관'을 콘셉트로 지어졌다. 이 개념은 이미 세계적인 흐름으로 국립현대미술관 서울본원은 국제적인 트렌드에도 맞는 소박한 형태의 미술관으로 완성되었다고 할 수 있다. 개방성이 강한 미술관과 자유로운 동선을 콘셉트로, 젊은 건축가의 참신한 발상이 돋보이는 미술관이 서울에 탄생한 것이다. 전통을 해석하는 시각에서도 건축가의 탁월한 통찰과 안목이 돋보이고 있다.

건축에 있어서 내가 어디로 걸어가는지 어떤 공간을 거쳐야 하는지는 아주 중요한 부분이다. 국립현대미술관 서울본원은 '열린 공간'이라는 그 콘셉트만으로도 충분히 건축적인 메시지를 표현했다. 관람자들은 미술관에서 정한 동선 그대로 따를 수도 있고, 거꾸로 갈 수도 있고, 마당에 머물다가 마음 내키는 대로 아무 곳이나 들어갈 수도 있다. 동선이 자유롭고 형태 표현 중심의 미술관이 아니기 때문에 주변 경관에 자연스럽게 녹아들 수 있는 미술관이 된 것이다.

평범한 주택이 아픈 역사를 기억하는 박물관으로
: 전쟁과여성인권박물관

두 번째 소개할 건축은 일본군위안부의 역사를 담은 '전쟁과여성인권박물관'이다. 꽃다운 나이에 지울 수 없는 상처와 아픔을 당하고도 가해자의 제대로 된 사과조차 받지 못했던 일본군위안부 할머니들의 목소리를 대변하기 위해 지어진 공간이다. 마포구 성산동 주택가 한편에 위치한 조그만 주택을 리노베이션 해서 만든 이 건물은 와이즈건축의 장영철과 전숙희, 두 젊은 부부 건축가의 작품이다. 이곳은 여느 박물관처럼 큼직한 출입구, 넓은 로비 공간도 없다. 그저 구석에 위치한 작은 문 하나가 관람객들을 맞이하고 있다. 박물관이 라 하기에는 참 초라해 보이는 이 건물에 어떤 의미가 담겨 있는 것일까.

로비 왼쪽 철문을 열면 6미터 높이의 담벼락 옆 좁은 길이 방문객 들을 맞이한다. 이 길을 따라 걷다 보면 저벅저벅 소름 돋는 소리가 나는 쇄석 암석과 큰 옥석을 쇄석기로 파쇄하여 만든 자갈길이 관람객들을 기다린다. 이곳을 방문한 사람들은 좁은 쇄석길 위에서 일제시기에 우리가 겪었던 슬픈 경험을 떠올리게 된다. 베를린 유태인박물관에 가면 관람객들이 바닥에 수북이 쌓인 강철 조각 을 밟으면서 전쟁의 비극을 간접적으로 체험할 수 있게 해 놓았다. 이 박물관도 유태인박물관과 마찬가지로 거친 바닥을 밟으며 할머니들의 가슴 아픈 사연과 그들의 고통을 조금이나마 느낄 수 있도록 공간을 구성했다.

예산 문제 때문에 공사비를 그리 넉넉하게 쓰지 못했다고 하는 이 조그만 박물관은 입구부터 남다르다. 벽에 그려진 소녀의 어두운 그림자와 꽃으 로 이미 많은 이야기를 전하고 있다. 높은 벽 왼쪽에 있는 검은 실루엣의 소녀 안 에는 꽃나무가 있다. 이 이미지는 꽃다운 나이에 희생을 당한 일본군위안부들의 상황을 잘 표현하고 있다. 이 소녀를 만나면 누구나 일순간 마음이 무거워진다. 고개를 돌려 오른쪽을 보면 실제 인물의 얼굴을 그대로 본뜬 조각이 있어서 할머 니들이 바로 곁에서 속삭이며 이야기하는 것 같은 느낌을 받게 된다.

이 골목을 통과해 바로 먼저 접하는 곳이 지하 골방이다. 일본군 위안부의 삶을 재현해 놓은 방이기도 한 이곳은 소녀가 느꼈던 극도의 공포와 절망감을 표현한 전시장이다. 이 전시장에 가면 슬라이드를 볼 수 있는데, 별 다른 장치 없이도 사람들을 역사적 사실에 몰입하게 만들어 준다.

주택의 지하를 개조한 공간이라 키가 닿을락말락 하는 층고가 높지 않은 공간이지만, 전하는 메시지만큼은 강렬하다. 지하를 나오면 곧바로 1층으로 연결되는 것이 아니라, 바로 2층으로 이어진다. 긴 동선을 둘러싸고 있는 거친 느낌의 벽돌은 단순한 장식 그 이상의 의미를 담고 있다. "그걸 다 기억하고 살았으면 아마 살지 못했을 겁니다." 벽돌에 적힌 할머니들의 말과 그림에 하나하나 집중할 수밖에 없게 한다.

벽돌에 새겨진 글을 읽으면서 계단을 지나 2층 전시 공간에 도착하면 비로소 외부의 빛과 바람을 느낄 수 있다. 뭔가 분위기가 바뀌었다는 것을 느낄 수 있다. 한편 2층 외부 벽면은 와이즈건축이 자주 사용하는 조형 어휘인 틈을 가진 벽돌 패턴이 사용되어 있다. 틈 사이로 꽃들이 있는데, 전쟁 피해자의 넋을 기리기 위한 것이다. 이 추모의 벽에는 정부에 등록된 일본군위안부 피해자 할머니들의 얼굴과 사망일이 적혀 있다. 현재 생존해 있는 할머니들이 50여 분 밖에 남지 않았다 한다. 이제 머지않아 박물관 추모의 벽 구멍들이 다 채워져 빛이 들어오지 않는 캄캄한 벽이 될 것이다. 이 틈이 있는 벽은 이 박물관 외관의 주요 특징이자 추모의 벽 역할을 하고 있는 이 건물의 중요한 건축 요소 중 하나다.

2층에서 1층으로 내려오면 드디어 탁 트인 유리문을 통해 정원으로 나올 수 있다. 어둡고 거친 세계를 벗어나 자연과 빛을 마주할 수 있도록 공간을 구성해 '희망'이라는 메시지를 표현한 것이라고 한다. 박물관 밖으로 나오는 경험은 일상적인 현실로 돌아온 듯한 느낌을 주며 '아, 이곳이 주택이었구나'라는 생각을 하게 한다. 이 박물관은 예전에 주택이었다는 사실을 까맣게 잊을 수 있을 정도로 특별한 경험을 하게 만들고, 강력한 메시지를 전달하는 곳이다. 이곳은 마포구 성산동에 위치하기까지 참 우여곡절이 많았다. 하지만 전쟁과여성인권박물관은 조그만 주택을 이용해 수만 제곱미터 규모의 기념관에서도 잘 표현하기 어려운 메시지를 효과적으로 보여 주었다. 작지만 강한 기념관이 만들어진 것이다.

특별한 동선으로 메시지를 전하는 신개념 건축

'전쟁과여성인권박물관'은 와이즈건축의 두 젊은 건축가가 현상설계 공모에 참여해 당선된 작품이다. 두 사람은 작은 규모의 건물이지만 강력한 메시지를 전달하고 있는 이 건물로 제30회 서울특별시 건축상 최우수상을 수상했다. 그 어떤 거대한 건물로도 표현할 수 없는 그들만의 추모방식이 담겨 있는 이 건물에 박수를 보내고 싶다. 이 두 사람은 한 인터뷰에서 자신을 '초식 건축가'라고 표현했다. 육식 건축가는 거대하고 기념비적인 건축을 설계하지만, 초식 건축가는 생활 속 깊숙이 들어가 작은 건물로 빈 공간을 채우고 변화를 일으키는 것을 우선시한다.

이 두 사람의 건축은 과연 무엇이 다른 것일까? 어떻게 건축을 통해 이렇게 극적으로 추모의 마음을 표현할 수 있었을까? 아마 그것은 건축가들이 계획한 극적인 관람 '동선' 때문일 것이다. 건축가는 남다르고 독특한 동선을 계획해 일본군위안부 할머니들의 상처를 간접적으로 체험할 수 있도록 했다. 좁은 통로를 통과하면 나오는 지하 1층에서는 할머니들의 암울했던 과거를 볼 수 있게 하고, 관람객들이 걷게 될 지상 2층으로 향하는 긴 통로를 통해서는 강렬한 방식으로 메시지를 전달하고 있다. 또한 1층으로 내려오면서 정원과 함께 햇볕이 드는 공간을 만나게 해서 위로와 희망을 이야기하고 있다. 이렇게 공간을 극적으로 연출해 주택이었던 작은 건물을 거의 새롭게 재탄생시켰다.

이것이 바로 '신개념' 건축이다. 다른 표현을 사용하자면 '선진형' 건축이라고 부를 수도 있겠다. 예산이 없어도 최선을 다해 그 건축이 지녀야 할 의미를 최대한 표현하는 것, 이것이 건축이 갖추어야 할 중요한 덕목이 아닐까.

보통 건축이라 하면 메시지를 강력하게 전달할 수 있는 화려한 외관을 한 건물을 떠올리기 십상이다. 하지만 전쟁과여성인권박물관은 건물의 형태적 표현보다 사람들의 감성을 자극시키는 동선과 공간의 변화로 원하는 메시지를 효과적으로 표현할 수 있다는 사실을 보여 주고 있다. 이 박물관은 젊은 건축가다운 역발상, 소박함과 겸손함에서 나온 참신한 아이디어로 무장한 곳이다. 황금자 할머니가 별세한 후 이제 남은 50여 분은 씻을 수 없는 상처를 안고 세월이라는 모진 풍파를 오늘도 견뎌 내고 있다. 벽돌 한 장 한 장에 역사의 의미를 담은 이 건물은 자신만의 방식으로 우리에게 아픈 역사를 되새기게 한다.

낡은 물탱크의 놀라운 변신
: 윤동주문학관

세 번째 소개할 작품은 종로구 자하문터널의 위쪽, 청운동에서 부암동으로 넘어가는 고갯길에 자리한 윤동주문학관이다. 주옥 같은 시로 사랑 받는 민족 시인 윤동주를 기리는 이 문학관은 청운중학교를 지나 서울 성벽으로 이어지는 언덕 입구에 새로이 들어선 건물로, 경복궁 바로 뒤에서 서울 전체를 굽어보는 북악산을 바라보는 곳에 있다. 이곳을 가 보지 않은 사람이라면 윤동주문학관이라 이름 붙은 이곳을 꽤 근사하게 큰 규모로 지어진 건물로 상상할지도 모르겠다. 하지만 윤동주문학관은 예전에 동네 각 가정으로 수돗물을 공급하던 편의점 크기 정도되는 작은 박스 형태의 하얀색 수도가압장이 있었던 곳이다.

종로구청은 1974년에 지어졌고 낡고 오래되어 2008년에 용도 폐기된 이 가압장을 가치 있게 활용할 방안을 궁리했다. 그러던 중 윤동주 시인이 연희전문학교에 다니던 무렵 소설가 김송의 집에서 하숙을 했었다는 사실을 알게 되었고, 윤동주 시인이 이 주변 지역을 거닐면서 시상을 떠올렸다는 사실을 발견하게 되어 결국 윤동주시인과 관련된 시설을 만들기로 했다. 결국 이러한 스토리가 가미되면서 2009년에 낡은 수도가압장은 윤동주문학관으로 변신했다. 사실 처음 개관했을 때 이곳의 모습은 건축이라 부르기에 참 볼품이 없었다. 기존 가압장 건물에 '윤동주문학관'이라는 현판만 덩그러니 걸어 놓은 모습이었기 때문이다. 결국 이 건물은 종로구청의 요청으로 2011년 건축가 이소진이 리모델링을 했다.

윤동주문학관은 총 3개의 전시실로 구성되어 있다. 입구에 있는 1전시장은 최대한 원래 건물의 이미지를 변형시키지 않고 기존 형태를 유지했다. 바로 기존 동네 풍경을 그대로 유지하기 위한 건축가의 섬세한 배려라 할 수 있다. 사실 윤동주문학관에는 시인과 관련된 전시품이 그리 많지 않다. 그것도 대부분 제1전시장에 모여 있다. 이 문학관이 유명해진 것은 전시 자료 때문이 아니라, 물탱크를 재활용한 제2·3전시장 때문이다. 건축가는 리모델링 작업을 하면서 바닥 면적 55제곱미터16.6평, 5미터 높이의 좁은 구조물인 2개의 물탱크를 우연히 발견해 결국 전시장으로 이용했다. 용도를 다한 산업시설이 새로운 문화 공간으로 변신하는 다양한 외국의 사례처럼 이소진의 작품도 그런 국제적인 흐름에 발맞춘 것이라 할 수 있다.

제1전시장 내부를 돌아보고 나면 한 구석에 자리한 검은 철문을 발견할 수 있다. 이 문을 통과하자마자 등장하는 묘한 느낌의 복도 공간이 바로 물탱크 자리라는 것을 금방 알 수 있다. 두 개의 물탱크 중 먼저 등장하는 물탱크는 지붕을 걷어 내고 문학관 본 건물과 영상전시실을 연결하는 멋진 통로로 만들었다. 중정과 같은 공간이다. 아마 방문객들이 가장 사진을 많이 찍는 공간일 것이다. 지붕을 뜯어 낸 물탱크 벽에는 오랜 세월 물을 저장하면서 생긴 물때와 녹물 자국 등 세월의 흔적이 고스란히 남아 있다. 신축건물에서 이러한 공간을 연출할 수 있을까? 아마 쉽지 않을 것이다.

높이 5미터 물탱크는 이제 땅과 하늘을 잇는 통로가 되었다. 올려다보면 파란 하늘과 함께 오랫동안 물탱크를 곁을 지켜 온 팥배나무 가지가 보인다. 윤동주 시인의 '하늘과 바람과 별과 시'를 떠올리게 하는 훌륭한 공간으로 재탄생한 것이다. 이 공간을 보고 있노라면 멕시코를 대표하는 건축가 루이스 바라간*의 건축을 떠올리게 된다. 절제된 장식, 벽과 바닥으로 구성된 건축 공간은 루이스 바라간의 사유하는 건축과 닮아 있다.

통로를 통과하면 나오는 제3전시장은 원형을 거의 그대로 살린 물탱크 공간을 그대로 사용하고 있다. 사람이 들어오면 센서가 자동으로 감지해 벽에 윤동주 시인에 대한 영상을 비춘다. 더욱 압권인 것은 바로 물탱크였던 시절에 작업자들이 드나들던 조그마한 구멍이다. 이곳은 빛이 들어오는 채광창이 되었다. 그 구멍을 통해 깊숙한 곳까지 빛이 떨어지면서 원래 있던 사다리를 걷어 낸 자국과 시멘트벽의 질감이 그대로 드러난다. 이 빛은 어쩌면 어둠 속을 관통하는 한 줄기 빛으로 상징되는 삶의 희망을 표현할 것인지도 모르겠다. 이곳은 윤동주 시인이 죽음을 맞이했던 후쿠오카형무소의 상황을 표현한 것이라고 한다. 폐쇄적이고 절망적이었던 그 공간. 바로 자유를 뺏긴 그 공간을 표현한 것이다. 어두운 3전시장에서 상영되는 슬라이드를 통해 우리는 윤동주 시인의 삶과 시들을 만나볼 수 있다. 영화 〈동주〉에도 이 전시장이 배경으로 나왔으니 더욱 그 의미가 있다고 하겠다.

* 루이스 바라간 Luis Barragan

1902년에 태어나 1988년에 사망한 멕시코 출신 건축가. 독학으로 건축을 공부했고, 1980년에 프리츠커상을 수상했다. 멕시코 특유의 전통 문화를 근대건축 언어로 재해석한 건축가로 유명하며 색, 빛, 그림자, 형태와 질감을 강조한 것이 특징이다. 그는 정원과 도시 경관 설계를 하는 사람들에게 큰 영향을 미쳤다. 대표작으로는 바라간하우스, 카푸친수도원, 산크리스토발 주거단지 등이 있다.

윤동주문학관은 새롭게 덧붙인 것이 거의 없는 곳이다. 겉으로 보기에는 아마 그렇게 크게 변신했다고 느끼기 어려운 곳일지도 모른다. 하지만 남아 있는 세월의 흔적과, 옛날 설비 시설의 독특한 구조 그 자체로 그 어떤 건축보다 인상적이고 감동을 주는 곳이다. 이 문학관은 실물 자료를 전시하는 것이 주요 목적이 아니라, 관객들이 느끼고 경험할 수 있는 공간을 제공하고 있다는 점에서 그 가치가 있다. 윤동주문학관은 별다른 전시물 없이 관람객들이 공간적 경험을 통해 무언가 느낄 수 있도록 유도하는 베를린 유태인박물관을 떠올리게 한다. 물탱크였던 자리를 통로로 만들어 어떤 것도 일부러 보여 주지 않지만 인상적인 경험을 할 수 있게 했고, 물탱크를 이용해 만든 영상전시장에서 다른 어떤 곳에서보다 진한 감동을 느낄 수 있도록 했기 때문이다. 다른 곳에서 만날 수 없는 느낌을 주는, 독특하고 차별화된 전시장이 있다면 바로 이런 곳이 아닐까.

지금까지 비교적 최근에 서울 시내에 세워진 젊은 건축가들의 작품을 살펴보았다. 이 작품들의 공통점은 무엇일까? 기존 건축과 다른 점은 무엇일까? 바로 동선이다. 건축에 있어서 공간을 경험하는 사람들이 어디로 걸어가는지, 어떤 공간을 거쳐 가는지는 아주 중요하다. 동선의 흐름을 새롭게 만든 것만으로 충분히 건축적인 메시지를 표현했다는 것이 이 세 작품의 장점이다.

건축은 치장이나 장식과는 엄연히 다르다. 어떤 공간 안에는 공간만의 이야기가 있고, 메시지를 품고 있어야 한다. 건축가는 공간의 이야기를 풀어 내고 메시지를 부여하는 역할을 맡은 사람이다. '멋지다', '디자인이 좋다', '감각적이다'라고 하는 보편적인 표현 그 이상의 깊은 의미와 가치가 있는 것이 바로 건축이다. 폐기 직전의 물탱크를 발견한 것은 우연이지만, 그것을 가치 있게 활용하기로 한 선택은 이미 그 자체로 '건축 행위'다. 그것이 바로 이 책을 통해서 강조하는 싶은 단어인 '건축적인 사고'다.

건축가 이소진이 이 작은 건축물로 젊은 건축가 상을 수상한 이유가 바로 거기에 있다. 건축에서 스토리텔링의 가치는 아무리 강조해도 지나침이 없다. 시간을 내어 가족과 함께 눈으로 보는 건축에서 공간을 느끼게 해 주는 건축 현장을 찾아보면 어떨까. 그곳에서 건축가들이 전하려고 한 메시지를 몸으로 느껴 보는 것은 어떨까. 분명 아주 훌륭한 교육의 장이 될 것이다.

국립현대미술관 서울본원처럼 '열린 미술관'을 콘셉트로 지어진 일본의 가나자와 21세기미술관의 중정.

위 : 옛 기무사 건물과 종친부 건물도 미술관과 어깨를 나란히 하고 있다.
외관 마감은 전통 기와에서 착안해 만든 차분한 느낌의 테라코타 타일을 사용했다. ⓒ 이상열
아래 : '형태를 강조하지 않은 무형의 미술관'이라는 콘셉트로 나열된 건축 매스.
자연스러운 동선 연결이 특징이다. ⓒ 이상열

화려하고 독특한 형태가 아닌 관람자의 경험과 주변 환경과의 조화를 중시해 지어진
차분한 느낌의 국립현대미술관 서울본원 외관.

위 왼쪽 : 작은 주택을 리노베이션 해서 만든 전쟁과여성인권박물관에는 옛 건물의 흔적이 많이 남아 있다.
위 오른쪽 : 벽돌 틈 사이의 꽃은 전쟁 피해자들의 넋을 기리기 위한 것이다.
아래 : 화려한 외관을 하고 있지는 않지만 건축가가 계획한 극적인 관람 동선이 감동을 준다.

벽에 그려진
소녀의 그림자와
실제 인물의 얼굴을
본뜬 조각이 마음을
무겁게 하는 인상적인
전쟁과여성인권박물관 입구

물탱크가 있던 자리에서 하늘을 올려다보면
그 곁을 오랜 시간 지켜 온 팥배나무 가지가 보인다.
윤동주문학관에서 가장 인기 있는 곳이다.

위 : 과거 동네 각 가정에 수돗물을 공급하던 수도가압장을 리노베이션한 윤동주문학관 전경.
아래 : 함께 건축 공부를 한 리더들은 시간을 오롯이 품고 있는 이 공간을 경험하고 깊은 감동을 받았다고 입을 모은다.

윤동주문학관은 별다른 전시물이 없이도 관람객들이 공간적 경험을 통해 무언가 느낄 수 있도록 유도한다.

이야기,
건축 그 이상의
건축을 만드는 힘

취리히웨스트

버려진 공장지대에서 스위스의 핫 플레이스로
: 취리히웨스트

아름다운 강변을 끼고 있는 도시 스위스 취리히는 도시의 상징인 1200개 분수와 함께 멋진 풍광을 자랑하는 곳이다. 이런 아름다운 취리히에도 산업 발전의 이면을 볼 수 있는 어두운 장소가 있기 마련이다. 스위스 취리히에는 약 30년 전만 해도 매연을 뿜어 대는 공장지대가 있었다. 취리히를 가로지르는 림마트강과 철도 사이의 계곡 지대에서 오이로파 다리까지 이어지는 이 공장지대는 맥주 양조장, 곡물회사 사일로, 비누공장, 조선소와 제철소 같은 각종 중공업 공장들이 모여 있는 약 139만 제곱미터약 42만 평 규모의 전형적인 도시 외곽 공업지대였다.

이 지역은 스위스 서부에 위치하고 있어 취리히웨스트라고 불렸는데, 1960년대까지 스위스 번영의 상징이었다. 하지만 1980년대에 들어서면서 인건비가 상승하자 핵심 공장들이 하나둘 해외로 이전했고, 1990년에 이르러서는 대부분의 제조업 공장이 문을 닫았다. 낡고 우중충한 공장 건물, 허름한 저소득층 아파트에 온갖 낙서가 가득한 슬럼으로 전락해 30년 넘게 방치되어 있었다. 전 세계 사람들이 꿈꾸는 도시인 아름답고 살기 좋은 취리히에서 상상하기 어려운 곳이 되어 버렸다.

취리히 시는 이 버려진 공장지대를 새롭게 변화시키기로 결정했다. 2000년대 들어 재개발이 시작되면서 이 공장지대는 되살아나기 시작했다. 시의 노력으로 문화예술·상업지구로 탈바꿈하기 시작한 것이다. 취리히 시는 이 지역을 깡그리 밀고 새로 건물을 짓는 방법이 아닌, 공장지대에 있었던 다양한 산업시설을 그대로 남기는 방법을 택했다. 이 공장지대는 재생에 성공했을까? 물론이다. 취리히웨스트는 그로부터 20년이 지난 지금 스위스의 '핫 플레이스'가 되었다.

복합문화공간으로 변신한 조선소와 주조공장

: 시프바우 & 풀스5

취리히웨스트에는 1860년대에 지어진 증기선을 만들던 조선소가 있었다. 영업을 중단한 이 조선소 건물에는 극장과 레스토랑, 바bar가 들어섰다. 바로 폐조선소 건물을 리모델링하여 만든 복합문화공간 '시프바우Schifbau'라는 곳이다. 건물의 원형을 최대한 유지하며 리모델링 했기 때문에 노출된 배관 파이프나 녹슨 철근 같은 요소가 그대로 남아 있다.

가장 안쪽에는 취리히웨스트의 상징이 된 취리히 샤우슈필하우스 극장이 새로운 실험적 문화공간으로 꾸며졌다. 이곳에는 저녁이면 취리히의 아방가르드 예술가들이 모여들고, 가족이나 연인들이 멋진 식사와 술, 공연을 즐기러 찾아오는 진풍경이 펼쳐진다. 일부러 남겨 놓은 낡은 철대문을 열고 들어서면 천장이 높아 탁 트인 공장 특유의 넓은 실내가 펼쳐지고, 고급 프렌치레스토랑 '라살'이 먼저 방문객을 맞이하는데, 이 식당은 취리히 사람들도 인정하는 유명 레스토랑이다. 실내 중앙에 자리한 재즈클럽 '더 무드'는 배관 파이프와 철근이 그대로 노출된 콘크리트 기둥 등을 인테리어 요소로 활용한 모습이 인상적이다.

시프바우 바로 옆에 있는 복합공간 '풀스5Puls5'도 빼놓을 수 없는 곳이다. 제철회사 주조공장을 개조한 이 건물은 외관을 완전히 새로 고쳐서 얼핏 보면 새로 지은 쇼핑센터처럼 보인다. 하지만 넓게 뚫린 실내가 이곳이 공장 건물이었다는 것을 말해 주고 있다. 각종 고급 상점들이 내부 가장자리에 입점해 있고, 중앙에 위치한 넓은 공간에는 기획 전시를 주로 하는 전시공간을 배치했다. 1층에 있는 레스토랑 '그뉘세라이'는 이곳이 옛 제철소였다는 것을 그대로 보여 주는 인테리어가 특징이다. 오래된 설비와 작은 용광로를 식당 홀 가운데와 벽 곳곳에 그대로 남겨 두어 아주 독특한 분위기를 자아낸다. 메뉴판과 음식 거치대 등도 모두 쇠로 만들어 철공소 안에서 식사를 하는 것 같은 분위기를 만끽할 수 있다.

버려진 양조장과 철도 교각의 트렌디한 변신
: 미그로현대미술관 & 임비아둑트

취리히웨스트에 가면 먹고 마시고 공연을 보는 것에서 끝나지 않는다. 이곳에 가면 꼭 들러 보아야 할 곳 중에 하나가 바로 1996년에 설립된 미그로현대미술관Migros museum für gegenwartskunst이다. 이 미술관은 스위스 최대 유통회사인 미그로의 예술 지원 사업 일환으로 운영되고 있는 곳으로, 1898년에 지어진 뢰벤브로이Löwenbräu 맥주 양조장으로 사용하던 곳이다. 이 옛 양조장 건물에는 현대미술관 '쿤스트할레취리히Kunsthalle Zürich', 다국적 화랑인 '하우저앤드위스Hauser&Wirth' 등 총 5~6개 갤러리들이 차례차례 입주해 들어와 하나의 뢰벤브로이 예술단지Löwenbräu Complex를 완성했다. 트렌디한 현대미술관들이 허름한 맥주 양조장에 입주하는 것 자체가 실험적이고 도전적인 예술 행위라 여겨졌기 때문에 금방 취리히웨스트의 명소가 되었다.

취리히웨스트에 오면 쇼핑도 즐길 수 있다. 2009년 더 이상 사용되지 않는 철로 교각 아래에 만들어진 임비아둑트Im Viadukt라는 장터는 인기 있는 쇼핑 장소다. 아치형 철도 교각에는 세련된 그래픽디자인으로 번호가 매겨져 있는데, 그 안으로 들어가면 다양한 매장과 클럽들이 자리하고 있어 손님들의 발길을 붙잡는다. 숍 수만 해도 50여 개나 된다고 한다. 사실 교각 아래 공간은 길의 연장이라고 할 수 있다. 테마가 있는 상점거리와 비교했을 때 원래 용도만 다를 뿐이지 훌륭한 인프라를 갖추고 있는 셈이다.

전 세계적으로 도쿄나 파리 등에도 교각 아래를 상점가로 개조한 사례는 쉽게 발견할 수 있다. 하지만 임비아둑트는 조금 독특하다. 바로 세련된 그래픽디자인으로 장소에 아이덴티티를 확실히 부여했다는 점이다. 교각에 다채로운 조명을 설치해 밤이 되면 일대 분위기가 확 달라진다는 것도 임비아둑트의 큰 매력이다. 취리히웨스트는 새롭고 세련된 비주얼을 만들기 위한 시도를 했기 때문에 이곳은 젊은 사람들이 좋아하는 공간이 되었다. 취리히웨스트 단지는 다양한 소비활동이 이루어질 수 있게 의도를 담아 개발한 장소의 대표 사례라 할 만하다.

17개 컨테이너 박스로 만든 건축
: 프라이탁 본사

마지막으로 봐야 할 곳은 특이함으로 따진다면 취리히웨스트 가운데서 단연 으뜸인 곳이다. 겉으로 보기에는 그저 컨테이너를 높이 쌓아 둔 모습이다. 건물은 컨테이너 상자 17개로 만들어졌다. 어찌 보면 아주 허름해 보이기도 하고, 화물을 선적하는 곳으로 착각할 수도 있다. 하지만 이곳은 폐자재를 '리사이클링'해서 친환경 가방을 만드는 '프라이탁'의 본사 사옥 겸 매장이다. 프라이탁은 한국 젊은이들 사이에서도 인기를 끌고 있는 글로벌 가방 브랜드로, 스위스가 자랑하는 기업이다. 이 프라이탁 본사는 단순한 가방회사 건물이 아니라 건축으로 브랜드의 아이덴티티를 알리는, 독특한 건축 디자인의 아이콘 같은 곳이면서 취리히웨스트의 랜드마크 역할을 하고 있는 곳이다. 관광객들이 일부러 건물 구경을 하러 찾아올 정도다.

아무나 이렇게 컨테이너를 쌓아 두면 랜드마크가 되어서 사람들의 사랑을 받을 수 있는 것일까? 물론 프라이탁이기 때문에 가능한 이야기일 것이다. 프라이탁은 원래 컨테이너를 덮었던 방수 천을 보면서 비를 맞아도 괜찮은 가방을 만들어 보자는 취지로 탄생한 브랜드다. 이 건물은 방수 천과 컨테이너가 떼려야 뗄 수 없는 관계가 있다는 프라이탁만의 스토리가 배경에 있기 때문에 만들어질 수 있었다. 이런 프라이탁의 창업스토리가 기반이 되어 컨테이너를 활용한 건물이 사람들의 관심과 사랑을 받게 된 것이다. 어쩌면 '재활용'에 대한 사회적 담론이 끊임 없이 생산되고 있는 분위기 속에서 어쩌면 지극히 소박한 상징물이 탄생했고, 자연스럽게 유명세로 이어지고 있는 지도 모른다. 취리히웨스트의 프라이탁 본사가 거대한 랜드마크로 사람들에게 각인될 수 있었던 것은 본사 건물이 그 어디에서도 찾아볼 수 없는 건물이기 때문이 아닐까?

사람들은 바뀐 장소에서
무엇을 하고 있을까

지금까지 취리히웨스트의 놀라운 변화를 살펴보았다. 이렇게 볼거리, 먹을거리, 즐길거리, 살거리까지 갖추고 있는 취리히웨스트는 취리히 사람들이 가장 선호하는 장소로 각광받고 있는 것은 물론이고, 가장 도시적이고 세련된 곳으로 평가받고 있다. 취리히에서 가장 임대료가 비싸다고 하는 반호프 거리를 능가한다는 이야기도 많다. 서울 외곽의 공업단지가 갑자기 강남 한복판 정도의 가치를 보이면서 최고의 인기 거리로 변모했다는 이야기다. 아파트를 지어야 땅값이 올라가고 지역이 바뀌는 우리 도시와 비교했을 때 뭔가 시사하는 바가 크다고 할 수 있다.

낡은 공장지대의 건물들이 원형이 사라지지 않은 채로 식당, 극장, 미술관, 쇼핑센터 등으로 변신했고, 스토리가 있는 랜드마크 건물이 되었다. 과거의 산업적 유산을 계승하고 라이프스타일에 맞는 콘텐츠를 만들어서 재생시킨 취리히웨스트의 변화는 '실용'을 중시하는 스위스의 국민성이 낳은 최고의 도심 재생 사례라고 할 수 있다. 이런 새로운 실험들이 이어지면서 취리히웨스트는 뉴욕의 첼시마켓*, 런던 사우스뱅크** 같은 대표적인 도시 재생 문화지대의 하나로 전 세계가 주목하는 곳이 되었다. 이곳은 아직도 스위스 특유의 느린

개발이 진행되며 진화하고 있다. 취리히 시는 이 지역 개발을 25년 계획으로 진행하고 있다고 한다. 취리히웨스트는 여러 가지 면에서 도시라는 공간을 어떻게 개발해야 하는지, 문화의 역할은 무엇인지 다시 한 번 생각하게 하는 도심재생의 사례라 할 수 있다.

취리히웨스트의 사례를 보면서 우리가 기억해야 할 점이 있다. 첫째, 공간을 재활용할 때 문화와 소비가 이루어질 수 있도록 콘텐츠를 구성하는 것이 중요하다는 것이다. 그 장소를 방문하도록 유도하고, 그곳에서 소비하게 하고, 다시 그곳을 방문하게 만드는 기획은 아주 중요하다. 그 장소가 외관상 어떻게 바뀌었는지가 중요한 것이 아니라, 그곳을 어떤 콘텐츠로 채웠느냐가 중요한 것이다. 취리히웨스트도 공간을 채울 최고의 플레이어들이 속속 입주했다는 것이 성공의 이유라 할 수 있다.

* 뉴욕의 첼시마켓 Chelsea Market

낡고 오래된 건물이 어깨를 나란히 하고 있는 조용한 동네 첼시에 위치한 시장이다. 옛날 과자공장 자리에 들어선 이 시장에는 정말 다양한 먹을거리가 있다. 빵, 비스킷, 차, 다양한 식품류, 주방용품 등 각종 소품류 등 정말 여러 가지 물건이 있어서 선물을 고르려는 관광객들로 늘 북적이는 뉴욕의 대표적인 관광명소 중 하나다.

** 런던의 사우스뱅크 South Bank

런던 템스강 남부에 위치한 사우스뱅크는 예전에 창고들이 즐비한 거리였다. 1980년대 이후에 개발이 진행되었는데, 런던의 상징이 된 대관람차 '런던아이' 등 다양한 시설이 만들어져 주목을 받았다. 콘서트홀, 극장, 갤러리, 개성 있는 레스토랑 등 다양한 시설들이 모여 있어 런던을 관광하는 사람이라면 반드시 방문해야 하는 곳이 되었다.

둘째, 건축의 규모와 형태보다 어떻게 방문객에게 사랑받고, 그들의 시선을 사로잡을 수 있는지, 그 방법을 고민해야 한다는 것이다. 랜드마크가 꼭 초고층이거나 규모가 클 필요는 없다. 돈을 많이 들여 짓지 않아도 그 공간 안에 특별한 콘텐츠와 의미, 흥미로운 스토리가 잘 결합되어 있다면 많은 사람들은 그 건축을 사랑하게 된다.

최근 대한민국도 전국의 구도심이나 오래된 지역을 대상으로 도시재생이 활발하게 이루어지고 있다. 산업유산을 그대로 보존하는 것도, 그 안에 용도를 달리한 문화·상업시설을 입주시키는 것도 중요한 것이 아니다. 결과적으로 바뀐 공간의 외형이 아니라, 그곳에서 사람들이 '무엇을 하고 있는가'가 제일 중요하다. 랜드마크는 형태에서 끝나는 게 아니라 스토리를 지니고 있어야 감동이 배가 된다는 것을 꼭 기억해야 한다.

제철회사 주조공장을 개조해 만든 복합문화공간 풀스5.

위 : 풀스5 중앙에 위치한 넓은 공간은 제철소 형태를 그대로 살려 만든 기획 전시 공간이다.
아래 : 옛 철로 교각 형태를 그대로 살리고 세련된 그래픽 작업을 덧입힌 임비아둑트는 지역에 활기를 불어넣었다.

위 : 더 이상 사용되지 않는 철로 교각 아래에 만들어진 쇼핑 플레이스 임비아둑트.
아래 : 취리히웨스트 전경 ⓒ 김정후

17개 컨테이너 박스로 만든 프라이탁 본사 건물. ⓒ 서울시공공개발센터

1898년에 지어진 뢰벤브로이 맥주 양조장은 미그로현대미술관으로 변신했다.

역사

건축이
아픈 역사를

기억하는
방법

건축이
상처를 치유하는 방식

베를린 홀로코스트 추모비
베를린 유태인박물관
런던 다이애나비 추모비
워싱턴 베트남참전용사비

미로 속에서 전쟁의 참상을 체험하다

: 베를린 홀로코스트 추모비

건축은 추모 공간이나 기념비 등과 깊은 관계를 맺어 왔다. 건축은 인간의 내면을 공간으로 표현하고, 조형의 형태로 추상하며, 은유적으로 표현하는데 역할을 해 왔다. 이 글에서는 추모를 위한 건축과 관련한 몇 가지 사례를 살펴보고 우리가 어떻게 공간을 체험하면서 무엇인가를 추모할 수 있는지에 대해 이야기해 볼까 한다.

먼저 아픈 과거 역사를 가지고 있는 독일로 가 보자. 독일은 자신들의 역사적 과오를 인정하고 반성하기 위해 여전히 힘쓰고 있는 나라다. 이러한 그들의 태도는 건축물에서도 확연히 드러난다. 이를 가장 잘 알 수 있는 건축이 바로 베를린 홀로코스트 추모비Holocaust Memorial다. 독일은 나치가 학살한 유태인들을 위해 베를린 한복판에 홀로코스트 비석 2711개를 세웠다. 어떻게 보면 공동묘지 같은 섬뜩한 느낌이 들 수도 있다. 당시 독일 정부와 의회는 추모비를 세우기에 앞서 숙연한 마음으로 "통일 독일의 심장부에 유럽에서 희생된 600만 명의 유태인을 추모하는 시설을 짓는 것은 역사에 대한 책임이고, 유태인에 대한 추모는 단순히 박물관이나 묘지가 아닌 우리 삶의 일부로 생생하게 머물러야 한다"라고 말했다. 이 말에는 기억해야 할 상처를 치유하는 방식이 아주 중요하다고 믿는 독일인들의 역사에 대한 태도가 잘 드러나 있다.

추모비가 세워진 장소는 과거 나치 정권을 상징하는 장소였던 1만9834제곱미터 규모의 부지축구장 3개 크기로 도심 한가운데다. 추모비 건축은 설계안 공모에 당선된 미국의 건축가 피터 아이젠만*이 맡았다. 그의 설계안은 세련된 조형 감각으로 무장한 크고 작은 비석을 모아 두고 중간에 공포감을 느낄 정도로 미로를 만들었다는 것이 가장 큰 특징이다. 그는 이곳을 땅의 중심부로 들어갈수록 바닥이 가라앉고 점점 높은 비석에 짓눌리는 것 같은 체험을 할 수 있도록 만들었다. 실제로 들어가서 길을 잃고 헤매다 보면 주위를 둘러싸고 있는 비석들 때문에 식은땀이 나는 것을 경험할 수 있다. 당시 유태인들이 경험했던 공포감을 은유적으로 표현한 것이다.

지하에는 대규모 전시관이 있다. 지상에는 추모의 은유로 비석 조형을, 지하에는 대규모 기념관을 만든 것이다. 건축가는 대규모 기념관을 지상에 만들고 싶지 않았을까? 아이러니한 지점이 아닐 수 없다. 지상의 비석 공간에서 전쟁에 대한 공포만 체험할 수 있는 것은 아니다. 가족이나 연인들은 비석이 세워져 있는 곳에 삼삼오오 모여서 태연하게 누워 있기도 하고 즐거운 대화를 나누기도 한다. 때때로 이곳은 숨바꼭질을 하는 아이들이 모인 놀이터 같은 모습을 연출하기도 한다. 건축가는 사람들이 이곳에서 경건하게 추모의 감정을 느끼기를 원하지만, 그것이 일상 속에서 자연스럽게 느껴지기를 원했던 것이다. 독일 사람들의 역사에 대한 반성, 추모를 하는 방식 등은 우리에게 여러 가지로 생각할 거리를 던져 준다.

* **피터 아이젠만** Peter D. Eisenman

1932년 미국에서 태어난 건축가. 화학을 전공했다가 건축으로 전공을 바구어 콜롬비아대학교와 케임브리지대학교에서 공부했다. 건축 이론가 콜린 로우의 영향을 받은 그는 '철학적 건축가', '건축 철학자'로도 불린다. 공부를 끝낸 아이젠만은 뉴욕에 건축도시연구소를 설립했다. 그는 새로운 건축운동인 '해체주의 건축'을 이끈 사람으로 실무보다 강의와 이론 연구에 더 힘을 쓴 건축가로 유명하다. 또한 컴퓨터를 건축 설계에 적극적으로 끌어들여 실험하기도 했다.

비극적 전쟁 경험에 공감하게 하라

: 베를린 유태인박물관

　　독일에는 추모비뿐만 아니라 전쟁의 참상을 체험해 볼 수 있는 기념관도 존재한다. 바로 베를린에 있는 유태인박물관Jewish Museum Berlin이 좋은 사례다. 이 박물관의 외관은 유태인의 상징인 '다비드의 별' 형상을 하고 있으면서 예리한 각으로 아홉 번 구부러진 평면 형태를 하고 있다. 이 건물은 전에 프로이센법원으로 사용되었던 바로크 양식의 법원 건물을 확장한 것이다. 이러한 조형 형태는 해체주의Deconstructivism라고 일컫기도 한다. 이 박물관을 설계한 다니엘 리베스킨트**는 해체주의 건축의 선구자로, 해체주의는 1990년대 발표되었던 건축 사조다. 해체주의란 말 그대로 건축 덩어리 그 자체보다 모든 것을 파편으로 분해해서 나누는 조형 감각이다. 해체주의는 칸딘스키의 러시아 구성주의에서 영향을 받기도 했는데, 자하 하디드도 초기 해체주의 건축가 군에 속한다.

　　2001년 9월에 개관한 유태인박물관은 홀로코스트 이후 현재에 이르기까지 독일 내 유태인의 역사를 보여 주는 곳이다. 폴란드 출신으로 미국에서 활동하는 유태인 건축가 다니엘 리베스킨트의 작품으로, 1989년 국제 현상설계 공모 당선작이다. 특이한 점은 이미 정식 개관 2년 전에 전시품 하나 없이 문을 연 최초의 박물관이라는 것이다.

**** 다니엘 리베스킨트 Daniel Libeskind**

1946년 폴란드에서 태어난 건축가. 홀로코스트를 경험한 부모님을 둔 그는 가족과 함께 이스라엘을 거쳐 미국으로 갔고, 1965년에 미국인으로 귀화했다. 뉴욕의 쿠퍼유니언에 입학해 리처드 마이어와 피터 아이젠만 밑에서 공부를 했다. 건축이론가로 더 유명한 다니엘 리베스킨트는 50세 전에 건물을 지어 본 적이 없는 특이한 이력의 건축가다. 유태인박물관으로 세계적인 명성을 얻었으며 9·11테러 이후 뉴욕의 그라운드제로 재건축 설계 공모에 당선되어 다시 한 번 세계적으로 주목을 받았다. 우리에게는 삼성동 현대산업개발 사옥과 해운대 아이파크 주상복합아파트의 설계자로도 유명하다.

관람객들에게 유물, 역사기록, 사진 등 다채로운 볼거리를 제공해야 하는 곳이 박물관인데 어떻게 전시품 하나 없이 개관을 할 수 있었을까? 하지만 결과적으로는 이러한 방법은 대성공이었다. 전시 공간이 없는 대신 관람객들이 다양한 공간적 체험을 하면서 역사적 비극을 느낄 수 있도록 한 것이다. 전시물이 없어도 건축 자체가 전달하는 메시지만으로도 충분히 전쟁의 참상이 드러날 수 있다는 것을 유태인박물관은 보여 주고 있다.

유태인박물관에서 가장 흥미로운 볼거리는 바닥에 널브러져 있는 얼굴 모양의 철판들이다. 이스라엘 현대미술가 메나셰 카디시만Menashe Kadishman의 작품인데, 높은 콘크리트 벽체로 사방이 막혀 있는 전시실 바닥에 입을 벌린 얼굴 형상의 강철 조각이 수북이 쌓여 있다. 관람객은 이곳을 싫든 좋든 피할 수가 없다. 여기를 밟고 지나가야만 하는데, 발을 디딜 때마다 들리는 섬뜩한 발자국 소리는 마치 희생당한 유태인들의 비명 소리처럼 들린다. 꽉 막힌 공간에서 찢어진 창을 통해 스며드는 빛과 음침하고 공포스러운 소리는 관람객들로 하여금 자연스럽게 비극적인 과거를 떠올리게 한다. 전시품 하나 없이 공간만으로 강렬한 메시지를 전달하고 있는 것이다.

이곳에 갔을 때 손자 손을 꼭 잡은 유태인 할아버지가 엉엉 우는 아이를 끝까지 걷게 하는 것을 본 적이 있다. 할아버지는 아마 아이에게 이런 말을 해 주었을지도 모른다. "그러니까 유태인들은 뭉쳐야 된다. 공부도 열심히 하고 돈도 많이 벌어서 유태인을 도와주어야 한다." 이곳은 유태인들뿐만 아니라 독일인들에게도 다른 어떤 역사 교육 현장보다 피부에 와 닿고 이해하기 쉬운 체험교육의 장을 제공하고 있다. 이 박물관을 통해 유태인들은 더욱 뭉치게 될 것이다.

유태인 출신인 건축가 리베스킨트는 자신의 머릿속에 있는 홀로코스트 시절은 온통 회색이라고 회고한 적이 있다. 유태인박물관은 고통스러웠던 그 시절을 관람객들이 사무치게 회상할 수 있도록 해 준다. 한편, 건축물에서 드러나는 독일인들의 철저한 반성의 태도는 전 세계인들에게 환영 받고 있다. 이 박물관은 전시품으로 메시지를 전달하는 방식이 아닌 공간의 체험을 통해 메시지를 전달하는 유례없는 시도를 했다. 박물관이 개관하자 이곳으로 전 세계에 살고 있던 유태인들이 몰려오기 시작했고, 정식 개관을 했을 때 상당한 방문자 수를 기록했다. 물론 정식 개관 이후에는 각종 관련 유품과 전시 등이 이어지면서 박물관으로서 위용을 갖추게 되었고, 더욱 전 세계의 이목을 끌었다.

수직이 아닌 수평을 통한 나지막한 은유
: 다이애나비 추모비

이번에는 너무나 유명했던 한 인물의 추모비를 살펴보기 위해 런던으로 가 보도록 하겠다. 바로 고故 다이애나비 추모비Diana, Princess of Wales Memorial Fountain다. 런던의 오아시스라고 불리는 하이드파크Hyde Park안에 세워진 이 추모비는 조각 작품 같은 아름다운 곡선미를 자랑하는 거대한 원형 상징물로 랜드스케이프 디자이너 닐 포터Neil Porter의 작품이다. 섬세한 컴퓨터 기술로 500여 개의 크고 작은 대리석을 조합해 만든 원형 상징물 위로 자연스럽게 물이 흐르고 있다. 디자이너가 물이 흐르면서 발생하는 소리와 이미지를 추모비에 담아 표현한 것이라고 한다. 흐르는 물 옆에 옹기종기 모여 앉아 대화할 수도 있고, 명상도 할 수 있는 아주 친근한 기념 시설이다. 전체적인 곡선 형태가 아주 아름답고 부드러워 다이애나비를 떠올리게 한다. 물이 흐르고 있는 이 시설은 아이들이 아주 좋아해 늘 이곳에 가면 아이들이 즐겁게 뛰어 놀고 물장구를 치고 있는 모습을 볼 수 있다. 이 작품은 아마도 닐 포터가 평소 물가를 좋아했던 다이애나비가 아이들과 대화를 나누고 있는 모습을 상상하며 만든 것이리라. 직접 그 현장에 가 보면 작가가 품었던 이런 생각이 어떤 모습인지 자연스럽게 연상되어 다이애나비에 대한 추모의 감정을 느끼게 한다.

다이애나비 추모비는 우리가 흔히 알고 있는 추모비나 추모탑과는 거리가 멀다. 권위적으로 보이는 추모비가 아니라 친근함을 느끼게 하는 추모비이며, 조형물을 수직으로 높이 올리기 보다, 수평의 나지막한 은유를 택한 편안한 추모비라 할 수 있다. 영국 왕실은 처음에 정적이고 품위 없어 보이는 이 추모비에 대해 부정적으로 바라보았지만, 결국 많은 인파가 몰려 흐르는 물 주변에 걸터앉아 자연스럽게 휴식을 즐기고 대화를 하는 모습을 보고 오히려 세상을 떠난 다이애나비가 이런 모습을 보고 더욱 위로 받고 좋아하지 않겠느냐며 진정한 추모비라고 칭찬했다고 한다.

화려하지 않은 음陰의 건축
: 워싱턴 베트남참전용사비

이번에 볼 것은 1982년 미국의 심장부인 워싱턴에 지어진 베트남참전용사비The Wall다. 이 추모비 역시 과하지 않은 표현으로 확실하게 메시지를 전달하고 있는 좋은 사례 중 하나다. 사실 처음 방문한 사람은 이 기념비를 찾기가 쉽지 않다. 게다가 잘못 온 것이 아닐까 싶을 정도로 초라한 형태를 하고 있다. 어찌 보면 그냥 긴 담장일 뿐, 어디에도 거창한 기념비의 형태를 찾아볼 수가 없다. 애초에 미국의 애국주의자들은 베트남참전용사비가 이집트 오벨리스크 형상으로 솟아 있는 워싱턴기념탑Washington Monument이나 링컨기념관처럼 수직으로 아주 높게 지어진 기념물들 사이에서 더욱 상징적인 높이와 존재감을 갖길 원했다고 한다. 새롭게 들어설 베트남참전용사비가 그들의 자긍심을 고취해줄 만한 강한 상징성을 담길 원했던 것이다. 하지만 결과적으로 이 '낮은' 기념비는 국제사회에서 바라지 않는 미국식 애국주의 표현물이 되지 않았다. 오히려 전쟁의 큰 상처와 과오를 직시하는 반성의 장소가 되었다.

추모비 공모전에서는 1000점이 넘는 응모작 중에 중국계 미국인이었던 22살의 예일대학교 재학생 마야 린Maya Lin의 작품이 당선되었다. 하지만 처음 이 추모비 안은 참전용사들 사이에 반대 운동 단체가 만들어지고, 심지어 관계자들이 국회 청문회에 불려 나갈 정도로 반대가 심했다. 사람들은 왜 그렇게 반대를 한 것일까? 반대자들은 참전용사비란 수직적으로 거대하게 우뚝 솟아야 하고, 누가 봐도 눈에 띄어야 하고, 상징적이어야 한다고 생각했다. 그들의 머릿속에는 전형적인 보수 우익 백인우월주의 자리하고 있었던 것이다.

　　하지만 전쟁을 절대 미화시키고 싶지 않았던 아시아계 젊은 여학생 마야 린은 끝내 그 의지를 굽히지 않았고, 마야 린은 그 어떤 전쟁도 우러러볼 대상이 아니기 때문에 지하로 건물을 숨겨야 한다는 말을 남겼다. 그는 지면으로부터 아래로 향하는 경사진 대지를 통해 상대적으로 벽면이 높아지게 했고, 75미터 길이의 검은색 화강암 벽에는 전몰자 이름을 새겼다. 또한 벽면에 관람객의 모습이 반사되게 하여 추모하기 위해 방문한 관람객들이 그 벽을 통해 자신의 모습을 돌아보게 했다.

　　종전의 기념비는 슬픔을 표현하든, 승리의 기쁨을 표현하든 거의 하늘로 향해 솟구치는 모양이 많았다. 하지만 베트남참전용사비는 이와는 정반대의 길을 택했다. 겉으로 보기에 그냥 하찮아 보이는 검은 벽을 통해 새로운 개념의 전쟁기념비를 제시했다. 오히려 주위에 있던 기존 기념비들과 충돌하지도 않으면서, 땅과 호흡하며 역으로 그 존재를 강하게 드러내고 있다.

　　전쟁의 슬픔을 역설적으로 잘 표현한 작품이라 평가를 받고 있는 이 기념비는 세간에 알려지자마자 가장 아름다운 추모비라는 격찬을 받았다. 'The Wall'이라는 이름 그대로 그냥 벽 하나 서 있을 뿐인데, 가장 단순하고 명쾌한 표현이 사람들에게 이런 깊은 감동을 전하고 있는 것이다.

체험을 유도해 공감하게 하는 건축

지금까지 몇 가지 추모 건축의 사례를 보았는데, 이 추모 건축들의 공통점은 무엇일까? 바로 직접적인 표현보다 체험을 유도하여 관람객들이 추모 대상을 몸소 느끼게 해 준다는 것이다. 독일에 있는 홀로코스트 추모비와 유태인박물관은 건축의 조형감과 특별한 공간 콘셉트만으로 시공을 넘어 당시 상황을 극적으로 표현했다. 희생자들의 고통과 전쟁의 참상을 현실감 있게 느끼게 해 주고 예술적으로 완성도 높은 결과물을 보여 주고 있다.

다이애나비 추모비의 경우 흐르는 물을 감상하고 선형의 조형물을 직접 만지고 이용하게 하여 친근하고 평온한 이미지를 가진 고인을 생각하며 기릴 수 있게 해 주었다. 추모비가 있어 고인을 기억하게 하는 곳이 완벽하게 공원의 일부가 되어 방문자들이 자연스럽게 머물다 갈 수 있는 곳이 되었다는 것이 가장 큰 매력이다. 어떤 곳을 가도 방문자에게 형식적인 추모를 강요하지 않는 공간인 것이다. 건축이 단순히 조형 예술에 머무르지 않고, 사람들이 뭔가 체험할 수 있는 곳이 되면 보이지 않는 큰 교육이 이루어질 수 있다는 것을 이 추모비들은 증명하고 있다.

앞에서 제시한 추모 건축들은 '위대한 침묵이 화려한 표현보다 강하다'는 것을 말하고 있다. 추모 공간은 방문자들에게 인터넷이나 책으로 얻을 수 있는 역사 지식 그 이상의 것을 제공할 수 있다. 지식을 넘어서 체험을 통해 깊은 감동을 전달하기 때문이다. 과거에 대한 지식을 전달하는 매체가 꼭 활자일 필요는 없다. 또한 거대하거나 설명적인 전시품이 아니어도 된다. '추모'라는 공간의 목적을 잘 달성하기 위해서는 사람들이 왜 그곳을 직접 방문해 보아야 하는지, 공간의 의미와 가치를 잘 전달할 수 있는 방법을 찾아야 한다.

지금까지 우리가 너무 1차적으로 지식을 전달하는 데만 급급했던 것은 아닌지 자문해 보아야 한다. 용산 전쟁기념관에서는 아주 자세한 내용을 알 수 있게 해 주는 훌륭한 전시가 진행되고 있다. 군인들의 동상이 서 있고, 탱크, 미사일, 비행기 등을 관람할 수 있으며, 밀랍인형으로 재현한 당시 전쟁 상황도 볼 수 있다.

하지만 그런 광경을 본 학생들과 아이들은 과연 무엇을 느낄까? 탱크나 대포 등 전시되어 있는 각종 무기를 보면서 오히려 전쟁놀이를 연상하는 것은 아닐까? 우리는 가끔 동상, 인형, 마네킹을 통해 과거를 재현하거나, 활자 정보로만 이루어져 시선을 끌지 못하는 전시품만 줄지어 있는 전시관을 가게 된다. 이런 전시 방식은 역사적 사실들을 생생하게 전달하기도, 그 의미나 가치를 잘 전달하기도 어렵다.

좋은 평가를 받는 해외 추모비 건축 사례를 보며 어쩌면 1차적인 사실 표현에 의한 계몽적이고 훈계적인 방식의 전시가 아닌 공간을 체험하게 해서 관람자 스스로가 역사 인식을 갖게 하는 것이 훨씬 더 효과적이고 교육적인 것이 아닐까, 라는 생각을 다시 한 번 하게 된다.

아름다운 곡선미를 자랑하는 거대한 원형 상징물로 디자인된 다이애나비 추모비. Wikipedia ⓒ Uli Harder

위 : 희생된 600만 명의 유태인을 추모하기 위해 세워진 베를린 홀로코스트 추모비. ⓒ 박윤민
아래 : 물이 흐르고 있는 다이애나비 추모비는 아이들이 좋아해 여름에는 물놀이 하는 아이들로 붐빈다. ⓒ eXpose

관람객들은 유태인박물관에서 입을 벌린 얼굴 형상의 강철 조각을 밟으며 비극적인 과거를 떠올린다.

유태인박물관 위에서 내려다 본 풍경. ⓒ 김정후

위 : 75미터 길이의 검은 화강암 벽에 전몰자 이름을 새겨서 만든 베트남참전용사비.
아래 : 벽면에 반사된 자신의 모습도 함께 보고 있는 추모객들.

상처와 과오를 직시하며 '반성'하게 하는 '낮은' 기념비는 뒤로 보이는 워싱턴기념탑과 상당히 대조적인 모습이다.

부재를 반추하다

9 · 11 그라운드제로

맨해튼의 심장을 저격한 9·11테러 현장을 말한다
: 그라운드제로

그라운드제로GROUND ZERO라는 말을 들어 본 적이 있는가? 핵무기가 폭발한 지점을 뜻하는 군사 용어로, 1946년 히로시마 원폭 이후 히로시마를 지칭하는 단어로 사용되다가 이제는 2001년 9·11테러 현장을 일컫는 말이 되었다. 미국 경제의 상징이자 힘의 상징으로 불리던 세계무역센터에 대한 테러가 핵폭발만큼이나 충격적이었기 때문이다. 테러가 일어난지 벌써 10여 년이 훌쩍 지났다. 지금 현재 그라운드제로라 할 수 있는 세계무역센터는 어떠한 모습으로 남아 있을까? 이 글에서는 흔적만으로도 영원히 잊지 못할 건축 이야기를 해 보겠다.

뉴욕 맨해튼의 상징이었던 세계무역센터는 건축사적으로도 의미가 큰 곳이다. 일본계 미국 건축가 미노루 야마사키*가 설계한 세계무역센터는 1973년에 지어졌다. 이때는 합리성으로 대변되는 모더니즘건축의 시대였다. 세계무역센터는 산업혁명 이후 바우하우스로 대변되는 기능주의 건축 바람이 불면서 고전건축에서 현대건축으로 넘어오는 시대의 과도기적 형태를 보여 주는 건축이라 할 수 있다.

＊ 미노루 야마사키 Minoru Yamasaki

1912년에 태어나 1986년에 세상을 떠난 일본계 미국인 건축가. 워싱턴대학교에서 공부를 했다. 지금은 사라지고 없는 세계무역센터를 비롯해 마드리드에 있는 초고층 빌딩인 피카소타워, 시애틀의 태평양과학센터, 캐나다에 있는 와스카나센터 등이 대표작이다. 그를 세계적인 스타로 만들어 준 세계무역센터는 에머리로스앤드선즈(Emery Roth & Sons) 사와 협력하여 시애틀에 있는 IBM 빌딩의 단순미에서 영감을 얻어 설계한 것이라고 한다. 합리적인 공간을 특징으로 하며 단순미를 상징적으로 드러내는 작품을 많이 남긴 그는 미국의 근대건축을 대표하는 건축가 중의 한 명이다.

당시는 그야말로 장인정신을 가지고 건축을 하던 그런 시대였다. 쌍둥이빌딩이라는 별칭으로도 유명한 세계무역센터는 이 시기의 대표작이라 할 수 있다. 인간을 탐구하고 공간을 음미하며 조형성을 추구하던 시대의 포문을 연 상징적인 건물이다. 417미터110층에 달하는 높이 때문에 당시 세계에서 가장 높은 빌딩이라는 타이틀도 거머쥐었다.

세계무역센터는 당시 건축공학적으로도 기념비적인 건축물이다. 공간의 효율성을 위해 외벽 자체가 구조가 되는 형태를 띠고 있는데, 내부는 기둥이 없는 구조다. 당시로는 파격적인 시도였다고 할 수 있다. 건축가가 이 타워 디자인을 위해 모형을 100여 가지나 만들어 보았다고 한다. 거대하고 단순한 조형 형태가 당시 맨해튼의 도시 스케일에 맞지 않는다는 비판도 있었지만, 세계무역센터는 남부 맨해튼의 상징으로 오랜 시간 사랑을 받아 온 초고층 건물임에 틀림없다. 당대 최고의 기술로 만든 이 건물은 '프레임 튜브 시스템'건물 외곽 쪽에 기둥을 촘촘히 배치시켜 지진과 강풍에 잘 견딜 수 있도록 하는 건축 공법 공법 때문에 지진이나 비행기 침입 등에도 이상이 없도록 설계되었다고 알려졌었다.

하지만 이 건물은 약 7만6000리터 제트 연료가 들어 있는 비행기 충돌에 의한 화재를 견뎌 내지 못하고 구조가 녹으면서 무게를 감당하지 못해 무너져 내렸다. 거대한 건물이 믿을 수 없을 정도로 쉽게 사라졌다. 경악을 금치 못하게 만드는 광경이 전 세계인의 눈앞에서 펼쳐졌던 것이다.

테러로 얼룩진 장소는
어떻게 재건되었나

9·11테러 이후 건축계에서는 무너진 세계무역센터의 부활과 재건에 대한 논의가 조용히 이루어졌다. 이 처참한 현장에 꼭 다시 무언가를 지어야 하는가에 대해 의문을 제기하는 사람도 있었고, 파편과 잔해를 모아서 그대로

두자고 하는 의견도 있었다. 미국인들이 맨해튼 남부 스카이라인의 핵심이라 할 수 있었던 세계무역센터가 없어진 자리를 볼 때마다 계속 아픈 기억이 살아날 테니 같은 자리에 더 높은 건물을 짓자는 사람도 있었다.

이런 여러 논의가 대두되며 재건축 사업이 추진되었다. 당시 맨해튼 남부지역 개발을 담당했던 맨해튼남부개발공사LMDC는 2002년 12월 국제 설계 공모전을 기획했다. 최종심에 7개 안이 올라왔는데, 그중에서 폴란드 출신의 미국 건축가 다니엘 리베스킨트의 안이 당선되었다. 유태인 출신답게 유족들의 아픔과 추모의 마음을 가장 잘 표현할 수 있을 것이라는 기대를 받았다.

그의 설계안은 제목이 '기억의 토대Memory Foundation'였다. 높이 532.8미터의 첨탑과 기하학적인 구조를 지닌 5개의 타워, 그리고 이보다 규모가 작은 여러 개의 빌딩을 함께 건설하는 방안이었다. 그는 세계무역센터가 들어섰던 자리에는 21미터 깊이의 별도 추모 공간을 만들자고 제안했다.

하지만 최종적으로 리베스킨트의 안은 전체적인 마스터플랜으로만 받아들여지고, 개별적인 건물 설계는 그의 콘셉트를 승계하여 각각 다른 건축가들이 맡았다.

모든 것이 사라진 자리에서
사라진 것들을 기억한다

리베스킨트가 제안한 추모 공간의 기본적 아이디어는 건물이 무너진 자리인 정사각형 2개의 웅덩이 지하부를 그대로 두고 그 붕괴된 기초부 벽까지 상처를 입은 상태 그대로 남겨 두자는 것이었다.

흔적을 메우고 돈을 들여 높고 웅장한 기념물들을 세우는 것이 아니라 있는 테러에서 살아남은 것들을 그대로 남겨 영원히 기억될 수 있도록 하자는 것이었다.

리베스킨트의 마스터플랜을 지키면서 새롭게 2003년에 9·11 기념비 설계공모전이 열렸다. 그 결과, 이스라엘 출신의 건축가 마이클 아라드 Michael Arad와 조경가 피터 워커Peter Walker의 '부재의 반추Reflecting Absence'라는 작품이 당선되었다.

이들은 세계무역센터가 있었던 자리에 사각형의 풀을 설치하고 풀의 사각 테두리에서 9미터 높이 아래로 폭포처럼 물이 떨어지게 하는 동시에, 그 테두리에 3000명의 희생자 이름을 하나하나 새겨 넣었다. 이름에 새겨진 곳에는 희생자 한 사람 한 사람을 기억하며 이름을 손으로 만져도 지문이 남지 않도록 특수 마감한 검정 철판을 사용했다.

건축가 아라드는 희생자들의 이름을 '의미 있는 이웃들'이라는 콘셉트로 배치했다. 알파벳순이나 임의로 이름을 배열하는 것이 아니라 유가족들에게 일일이 물어 희생자의 이름을 생전에 알고 있던 동료, 친구, 가족의 이름과 나란히 새겨 주었다고 한다. 원래 이름은 폭포 아래 새기려고 했는데, 꼭 무덤에 묻는 것 같다는 유족들의 반발로 햇빛을 받을 수 있는 밝은 공간으로 위치를 조정했다.

흔적만 남은 공간이지만 흐르는 물 때문에 이곳은 엄숙한 분위기가 만들어진다. 이곳을 방문한 사람들은 희생자 모두를 잊으면 안 된다는 비장한 기분에 휩싸이게 된다. 밤에도 지하에서 빛이 나와 희생자들의 이름을 비추기 때문에 추모객들은 365일 24시간 내내 희생자들을 기릴 수 있다.

직접 가서 보면 가슴이 무너져 내릴 것만 같다. 이렇게 이념의 분쟁 속에서 희생양이 된 고인과 가족들의 아픔을 치유하는 기념비적인 공간이 탄생했다. 이곳은 개장 이후 1000~2000만 명 정도의 방문객이 다녀갔고, 하루 평균 2만 명이 방문하는 뉴욕의 명소가 되었다.

다시 태어난 세계무역센터

지금은 9·11 기념비 주변으로 새로운 타워들이 지어지고 있다. 그라운드제로는 이렇게 거대한 추모공원과 새로운 미래를 여는 건축물로 채워질 예정이다. 현재 제1세계무역센터와 제2세계무역센터가 새롭게 건축되고 있는데, 1타워는 초고층 건축설계 전문회사 SOM이 맡았고, 2타워는 영국 건축가 노먼 포스터**가 이끄는 건축회사가 디자인했다.

1타워 '자유의 탑'은 57미터까지 콘크리트 벙커 형태의 디자인을 선보여 테러에 안전한 건물로 짓겠다고 했는데, 과잉설계라는 비판이 있기도 했다. 총 높이 약 417미터, 안테나를 포함해 약 541미터의 높이는 여전히 상징적인 의미를 지니고 있다.

2타워는 타워의 지붕이 다이아몬드처럼 생긴 4개의 건물이 붙어 있는 형태인데, 마스터플랜의 의도대로 빛의 쐐기처럼 보이게 설계했다고 한다. 실제로 이 건물은 공원의 북쪽 분수에 빛이 들어오도록 약간 비껴 선 모습이다. 이런 건물들로 가득 채워진 새로운 맨해튼 남쪽의 스카이라인이 생경하기만 하다.

** 노먼 포스터 Norman Robert Foster

1935년 영국에서 출생한 건축가로 예일대학교에서 공부했다. 노동자 계층의 집안에서 태어난 그는 학창 시절 프랭크 로이드 라이트와 르코르뷔지에의 작품에 많은 관심을 가지고 있었고, 공군을 제대한 후 맨체스터대학교와 예일대학교에서 공부했다. 리처드 로저스 부부와 함께 팀4(Team 4)를 결성해 활동하기도 했다. 그는 최첨단 기계처럼 보이는 '하이테크 건축'을 추구한 건축가로도 유명하다. 1968년부터는 버크민스터 풀러와 함께 사뮈엘 베케트의 극장 프로젝트를 포함한 다양한 친환경 디자인 건축 프로젝트에 참여했다. 대표작으로는 윌리스 파버 앤드 뒤마 본사, 홍콩상하이은행 본사, 런던 밀레니엄브리지와 거킨빌딩, 런던시청사 등이 있다. 1990년에 기사 작위를 받았고, 1999년에는 프리츠커상을 수상했다. 세계적으로 가장 성공한 영국 건축가 중 한 명이다.

가끔 예전 영화를 보다 보면 쌍둥이빌딩이 등장하는데, 아직도 그 자리에 남아 있는 고인들의 자취를 생각하면 가슴이 먹먹해져 온다.

미국 경제의 상징이었던 초고층 세계무역센터는 이제는 그 흔적만으로도 추모의 공간이 된 건축이 되었다. 맨해튼 초고층 빌딩 사이 최고의 땅값을 자랑하는 자리에 땅 밑으로 깊숙하게 파고 들어간 기념 공간이 만들어졌다는 것이 오히려 그 상징성을 크게 부각시키는 듯하다. 이제 그 자리에는 건물은 없고 자취만 남아 있다. 하지만 그 자리는 어떤 높은 기념탑보다도 강한 메시지와 상징성을 지닌 공간이 되었다. 그라운드제로는 땅 아래에 위치한 기념 공간과 땅 위의 많은 공간을 공공의 것으로 돌려놓았다. 이전에 세계무역센터가 있었을 때보다 더 기념비적이며 개방적인 장소로 변해가고 있다.

그라운드제로는 우리에게 건축과 관련해 두 가지 시사점을 던져준다. 첫 번째는 잘 만들어진 건축은 한 나라와 도시의 상징이 될 수 있다는 것이다. 맨해튼 남부 경관의 중심에 있었던 세계무역센터는 맨해튼과 뉴욕, 나아가서 미국의 상징이었기 때문에 테러리스트들이 테러 대상으로 삼았다. 그만큼 건축은 단순히 인간이 이용하는 공간 그 이상의 의미를 가지고 있다. 상징이라는 것은 그만큼 강력한 이미지이면서 참으로 무서운 것일 수도 있다.

두 번째는 꼭 무엇을 짓지 않아도 그 흔적만으로도 추모의 건축이 될 수도 있다는 것이다. 흔적은 바로 시간성을 내포하고 있다. 그 자리에 서 있었던 세계무역센터의 존재감만큼이나, 건물이 사라지고 난 자리 역시 기념을 위한 공간이 되기에 충분했다. 이곳에 9·11 기념비가 있는 한, 잊힐 뻔했던 사람들 한 명 한 명이 영원히 기억될 것이다.

위 : 세계무역센터가 있었던 자리에 사각형의 풀을 설치하고 풀의 사각 테두리에서
물이 떨어지게 했다. ⓒ Nick Starichenko
아래 왼쪽 : 기념비 주변에 새롭게 들어선 초고층 건물들. ⓒ 한송이
아래 오른쪽 : 사각형 풀 테두리에는 3000명의 희생자 이름을 하나하나 새겨 넣었다. ⓒ 한송이

정
체
성

건물을
건물답게 만드는

특별한
가치

지역적인 것이
세계적인 것이다

테르메발스
닝보박물관

차별화를 위해 '지역성'을 내세우다

: 테르메발스

건축계 노벨상이라 불리는 프리츠커상은 건축가에게는 최고의 명예를 상징하는 상이다. 이 상은 1979년부터 매년 한 명의 건축가를 선정하고 있다. 헤르초크 & 드 뮤론, 렘 콜하스*, 자하 하디드, 안도 타다오 등 우리에게 너무나 유명한 건축가들은 대부분 프리츠커상을 수상했다. 아쉽게도 우리나라에서 프리츠커상을 받은 건축가는 아직 없다. 하지만 프리츠커상은 늘 유명한 건축가들만 받는 것은 아니다. 1999년 수상자 페터 춤토르Peter Zumthor와 2012년 수상자 왕슈王澍가 그 대표적인 케이스다. 이 두 사람은 프리츠커상을 받기 전에 국제적 명성이 전혀 없었다. 이 두 사람은 무명에 가까운 인지도를 가지고 있었음에도 불구하고 프리츠커상을 받으며 건축계에 파란을 일으켰다. 그들은 어떻게 건축계의 노벨상을 거머쥘 수 있었을까.

먼저 페터 춤토르 이야기를 해 보겠다. 그는 예술과 장인정신으로 충만한 도시 바젤을 대표하는 건축가다. 그에게 프리츠커상을 안겨 준 작품은 바로 1996년에 완공된 테르메발스Therme Vals 온천이다. 페터 춤토르는 유행을 따르지 않고 건축의 본질적인 가치를 추구하는 건축가로 유명하다. 테르메발스는 그가 생각하는 '견고하고 추상적이지만, 분위기는 부드러운' 건축의 전형을 보여 주는 작품이다.

---

* 렘 콜하스 Rem Koolhaas

1944년 네덜란드에서 태어난 건축가. 세계적인 건축 명문인 영국의 AA건축학교와 코넬대학교에서 건축을 공부했고, 저널리스트로 시작해 건축가로 데뷔했다. 1990년부터 2000년대까지 네덜란드 건축의 부흥을 이끈 주역으로 1975년 그의 사무실 OMA를 열었고, 지금까지도 왕성하게 활동하고 있다. 2008년에 프리츠커상을 수상했고, 같은 해에 〈타임〉지 선정 '올해의 중요한 100인'에 뽑히기도 했다. 우리에게는 서울대학교 미술관, 삼성 리움미술관의 설계자로도 유명하다. 렘 콜하스는 작가로도 이름이 높다. 그의 저서 《정신착란증의 뉴욕》, 《S, M, L, XL》, 《콘텐트》는 명저로 손꼽힌다.

그의 대표작 테르메발스는 스위스 그라우뷘덴 주의 유일한 온천 시설이다. 1960년대 독일 부동산업자가 19세기 말에 발견된 이 지역에 호텔 복합시설을 지었는데, 1983년 도산을 했다. 이후 팔스마을이 5개의 호텔을 매입해 중앙지대에 수치요법센터 기능을 하는 테르메발스를 짓기로 했고 그 작업을 페터 춤토르에게 의뢰했다. 이 건물은 직육면체 형태로 암반에 반 정도 묻혀 있는 구조다. 지붕의 유리창을 통해 하늘을 볼 수 있도록 설계되었는데 겉으로 보기에는 아주 평범해 보인다. 하지만 찬찬히 살펴보면 이 정적인 공간은 장인정신으로 가득한 완성도 높은 모습을 보여 주고 있다. 섬세한 감성을 지닌 건축가와 예술적인 공간의 세계를 즐기는 방문자의 진정한 소통이 이루어지고 있는 건축 현장임에 틀림없다.

이 온천 건축은 자연 동굴이나 채석장 형태를 연상시키는 원초적인 공간감과 형태감을 보여 준다. 내부와 외부가 적절히 교차하면서 자연스럽게 다양한 공간을 만들어 낸다. 실내는 고대 대중목욕탕의 이미지가 물씬 풍기면서 한편으로는 성스러운 느낌마저도 든다. 세심하게 석재로 마감한 각진 건물은 편안히 휴식을 하는 스파와는 거리가 먼 듯한 긴장감을 주기도 하지만 이는 의도적으로 건물을 사유와 치유의 공간으로 연출하기 위한 것으로 보인다. 옥상에 가면 잔디로 덮인 지붕 위에 누워 편안한 휴식과 전망을 즐길 수 있다. 뿐만 아니라 외부에 면한 공간은 호사로운 고급 스파의 이미지도 갖추고 있다. 전체적으로 이곳은 빛과 어둠을 효과적으로 사용했는데, 개방적이면서도 폐쇄적인 느낌의 이 공간은 모든 감각을 동원해 건축 공간을 즐길 수 있게 해 준다. 물이 공간을 울리며 만들어 내는 독특한 소리, 인공 빛과 자연광이 교차하며 연출하는 감각적 공간, 동굴과 같은 원초적인 분위기를 자아내는 어두운 공간 연출 등으로 자연의 신비한 분위기를 오롯이 느끼게 해 주는 테르메발스는 그야말로 멋진 온천이다.

하지만 이 테르메발스 온천 건축이 더욱 가치를 인정받고 유명해진 것은 다름 아닌 돌 자재 때문이다. 테르메발스는 지역에서 나는 규암을 내·외부 마감재로 사용했다. 페터 춤토르는 공간 안에서 서로 다른 분위기를 연출하기 위해 석재를 활용하는 것이 최고의 방안이라 생각했고, 온천 시설이 들어설 지역에서 생산되는 석재를 사용하고자 했다. 석재 중에서도 이 지역 사람들이 지붕에 주로 많이 사용하는 소재인 규암을 골랐다. 테르메발스에서 2킬로미터 떨어진 지역에서 채굴한 이 지역의 규암을 마감재로 사용하면서 이 장소는 또 다른 천연동굴의 느낌을 갖게 되었다. 석판을 그냥 외장으로 얇게 붙인 것이 아니라, 6만여 개의 규암을 겹겹이 쌓았기 때문에 이 온천은 석벽에 둘러싸인 동굴의 느낌을 낼 수 있었다. 테르메발스를 체험하는 것은 바로 이 지역을 탐험하는 것과 같다. 팔스마을에 지어진 페터 춤토르의 건축은 '그 지역에서만 존재할 수 있는, 그 지역만의 가치를 갖고 있는 건축'의 이념을 실현시킨 걸작이라 할 수 있다.

중국인 최초 프리츠커상 수상자의
건축 주제 역시 '지역'

두 번째 건축가는 바로 2012년에 중국인으로 처음 프리츠커상을 수상하며 세상을 깜짝 놀라게 한 건축가 왕슈다. 그는 난징기술대학에서 건축 공부를 하고 중국 안에서 주로 활동하던 사람이라 국제적으로는 전혀 알려지지 않은 사람이었다. 왕슈는 친수적親水的인 공간, 자연을 표현하는 기법 등을 통해 가장 '중국스러움'을 이야기하고 있는 건축가라는 평을 받고 있다. 중국은 세계에서 가장 발 빠르게 주목할 만한 현대건축을 많이 선보이고 있다. 프리츠커상을 수상하게 된 것도 정치적으로 이러한 배경과 무관하지 않다. 하지만 프리츠커재단이 왕슈를 선택한 것은 결코 중국의 국제적인 위치 때문만은 아니다. 세련되고 현대적인 감각으로 무장한 현대건축 작품이 중국 안에서 넘쳐나고 있지만, 그 와중에 묵묵히 '중국'을 이야기하고 있는 건축가가 바로 왕슈다.

그의 대표작 닝보박물관寧波博物館은 상하이 인근 닝보 시에 위치한 7000년의 역사를 간직한 중국 역사 박물관이다. 닝보 시 정부와 구 정부가 주관하고 다양한 기관과 인사들의 모금으로 지어졌다고 한다. 역사와 예술, 지리에 대한 다양한 전시물을 감상할 수 있고, 무료 관람을 할 수 있도록 개방되어 있다. 전체적인 형태는 송대 이상의 '만학송풍동도'의 이미지에서 차용해 왔다고 하는데, 실제로 건축은 회화적인 표현으로 사람들을 압도한다. 멀리서 보면 거대한 콘크리트 덩어리로 보이지만, 가까이 갈수록 섬세한 외장 마감과 매스의 분절이 분명 서구의 것과 사뭇 다르게 느껴진다.

웅장한 성곽의 형태와 더불어 다양한 자연 소재를 이용한 마감은 독특함과 중국스러움, 그리고 현대건축의 세련됨 등을 고루 갖추었다고 보여진다. 닝보박물관은 자연에서 영감을 얻어 자연적 건축 지형을 보여 주고 있다. 산으로 향하는 것 같은 모습으로 하고 있는 박물관에는 왕슈의 기본적인 건축 개념들이 속속들이 전부 녹아들어 있어, 왕슈 건축의 결정판이라고 해도 과언이 아니다. 앞뒤를 관통하는 출입공간, 물이 잔잔히 흐르는 수변공간, 길지만 자연스럽게 이어지는 동선 등 복잡하지만 명쾌하게 공간이 구성되어 있다.

하지만 이 정도의 조형성과 공간감을 가진 건축은 사실 세계 어디에서나 볼 수 있다. 얼핏 보면, 르코르뷔지에에 대한 오마주처럼 보이기도 한다. 50대 이상의 기성 건축가들에게서 항상 나타나는 현상이지만, 결국 근대건축의 거장이 만들어 놓은 틀에서 벗어나지 못한 것 같은 건축 감각과 조형, 공간 구성은 결코 새롭게 보이지는 않을 수도 있다. 하지만 닝보박물관은 다른 곳에서 볼 수 없는 것을 가지고 있다. 그것은 바로 건축에 사용한 자재다. 왕슈 역시 페터 춤토르처럼 그 지역의 산물로 건축을 완성시켰다. '거기에 있는 것을 그대로 활용하고, 이용하고, 재활용한다'라는 콘셉트로 예전에 사용했던 마감재를 재활용한 것이 닝보박물관의 가장 큰 특징이다. 페터 춤트로와 조금 다른 것이 있다면 왕슈는 철거된 지역의 건축물에 나온 조각들을 사용했다는 것이다. 닝보박물관에서 특징적으로 보이는 기와들은 기존 건물을 철거한 곳에서 가져온 것이다. 닝보박물관은 중국 특유의 '지속가능한 건축'의 진수를 보여 준다. 그 지역에서 생산된 벽돌과 수백만 조각의 기와들을 수집해, 건물 잔해로 새로운 건축을 다시 태어나게 한 것이다. 철거된 마을에서 나오는 파편을 사용해 다시 새로운 건축 재료로 사용한다는 것은 '리사이클링 건축'의 좋은 사례가 되어 준다. 왕슈가 진행한 '철거와 갱신' 프로젝트는 중국이 새로운 건축을 할 때 그 지역의 역사와 지속가능성을 고민하고 있다는 증거라 할 수 있다. 이러한 산수화 작품을 보는 듯한 건축 외관 마감에 대한 것은 가장 중국스럽다는 평을 받게 되었고, 어디에서나 볼 수 있는 건축이 아니라는 차별성을 인정받았다. 왕슈의 다른 작품인 중앙미술학원 샹산캠퍼스도 그 지역의 대표적인 건축으로 자리잡았다.

누구도 흉내 낼 수 없는
진정한 가치를 담다

건축가보다 장인에 가까운 페터 춤트로는 언제나 크지 않은 '동네 건물'을 지어 온 스위스의 동네 건축가다. 사실 건축가지만 어찌 보면 시인에 더 가까운 사람, 그러면서도 구도자의 길을 가는 사람이라 할 수 있다. 이런 건축가가 세계인의 주목을 받게 된 이유는 단 하나, 그의 작품이 매우 '지역적'이기 때문이다. 왕슈는 자신의 작품을 건축물이라고 하지 않고 '집'이라 표현한다. 그는 "집은 거주하는 장소, 사람이 머무는 장소다. 그리고 사람이 머무는 장소가 바로 지역이다. 그렇기 때문에 사람이 머무는 장소, 그 지역만의 산물을 사용하는 집이 지역을 표현할 수 있다"라고 이야기했다. 왕슈도 아마 페터 춤토르처럼 가장 지역적인 현대건축가라고 할 수 있을 것이다.

　　세계에 이름이 알려지지 않았던 두 건축가가 프리츠커상을 받은 이유는 바로 지역의 특색을 잘 살려 흉내 낼 수 없는 정체성의 건축을 보여 주었기 때문이다. 프리츠커상은 노장 건축가로 알프스의 작은 마을 홀덴스타인에서 활동하는 지역 건축가 페터 춤토르와 중국 전통 문화를 기반으로 작업하는 중국 토박이 건축가 왕슈를 선택했다. 최근 '지역성locality'에 대한 논의가 많이 이루어지고 있다. 우리가 너무 익숙해서 인식하지 못하고 있는 사회 전반에 펴져 있는 문화적 습성, 습관적 태도가 결국 지역성이며, 독특한 정체성을 형성하는 데 중요한 밑거름이 된다는 것을 간과해서는 안 된다. 그 속에서 태어난 건축이야말로 세상 어디에도 없는 유일한 건축, 세계적인 건축이 될 수 있다. 프리츠커상이 유독 한국에 인색한 이유는 한국 건축가들이 이 두 건축가보다 재능이 없어서도 아니고, 건축적인 열정이 없어서도 아니다. 어쩌면 우리 건축가들이 훨씬 더 세련되고, 건축적인 완성도가 높은 건축을 할 수 있을지도 모른다. 하지만 그들이 '거기 밖에 없는 것을 만들고 있는지', '어디에서나 볼 수 없는 것을 만들고 있는가'라는 질문을 던졌을 때는 이야기가 달라진다. 이 사례는 한국에서 앞으로 프리츠커상이 나오려면 국내 건축가들이 어떤 노력을 해야 하는지에 대한 답을 알려줄 수 있을 것이다.

　　유별나게 튀는 외양을 하지 않아도 자신만의 개성을 담을 수 있는 건축을 할 수 있다. 페터 춤토르나 왕슈처럼 지역의 특징을 잘 살린다면 담백하면서도 나만의 차별화된 가치를 건축에 담을 수 있지 않을까. 지역성이란 누구도 흉내 낼 수 없는 차별화 요소이며, 진정한 가치다.

위 : 그 지역 건축물이 철거될 때 나온 기와나 건물 조각들을 재활용해서 만든 닝보박물관.
아래 : 왕슈의 또 다른 작품 중앙미술학원 샹산캠퍼스.

위 : 스위스 그라우뷘덴 주의 유일한 온천시설인 테르메발스 전경. Wikipedia ⓒ Micha L. Rieser
아래 : 지역에서 나는 규암을 마감재로 사용해 '지역성'을 강조한 테르메발스. ⓒ 이어룡

잔디로 덮인 옥상에서 멋진 전망을 감상하며 편안한 휴식을 취할 수 있다. ⓒ 윤명운

'지속가능한 기업'이라는
정체성을 만들어 준
건축

비트라캠퍼스

건축과 디자인의 성지라 불리는 건축테마파크
: 비트라캠퍼스

독일의 남쪽, 거의 스위스와 프랑스 국경에 면해 있는 곳. 이곳에 아주 특별한 공간이 있다. 세계적으로 유명한 가구회사 비트라Vitra는 '캠퍼스'라는 이름으로 이 땅에 최고의 현대건축을 짓기 시작했다. 건축에 조금이라도 관심이 있거나, 디자인과 예술에 관심 있는 사람이라면 모두가 꼭 가봐야 한다고 이야기하는 곳. 바로 비트라캠퍼스Vitra Campus다. 이곳은 비트라사社의 공장 부지인데, 1980년대부터 유명 건축가와 신진 건축가가 참여해 공장 건물은 물론이고 전시장까지 짓기 시작했다. 이 공장 부지에 지난 몇 십 년간 테마파크의 놀이관이나 거대한 예술작품처럼 보이는 멋진 건축들이 들어섰다. 전문 가이드가 생길 정도로 방문자 수도 많다.

처음 주목을 받기 시작한 이곳의 건물은 1989년에 완성된 비트라디자인뮤지엄Vitra Design Museum이다. 비트라디자인뮤지엄은 건축과 디자인의 총체라 불릴 정도로 세계의 주목을 받았다. 이후 1990년대 초부터 하나둘씩 독특한 건물이 자리를 잡았다. 모두 세계적인 스타 건축가들의 작품이었다. 주목을 받기 전인 1981년 니컬러스 그림쇼*가 설계한 공장을 시작으로, 프랭크 게리**, 안도 타다오, 자하 하디드, 헤르초크 & 드 뮤론, SANAA***, 알바로 시자**** 등 쟁쟁한 건축가들이 비트라의 공장 부지에 자신의 작품을 선보였다. 참여 건축가 대다수가 건축계의 노벨상이라 불리는 프리츠커상 수상자들이어서 더욱 세계인의 관심이 쏠렸다.

가구 회사 비트라는 이 공장 부지인 비트라캠퍼스로 인해 여타 가구 회사들을 제치고 세계 톱의 자리에 올랐으며, 브랜드 파워 역시 대단하다. 가구 회사의 공장 부지가 어떻게 이렇게 까지 세계인의 주목을 받을 수 있었을까? 어떻게 사람들로 하여금 성지순례 하듯 이곳을 찾아오게 했을까? 단순히 유명 건축가의 건물이 있다고 해서 이런 명성을 얻을 수 있었던 것은 아닐 것이다. 이 글에서는 과연 비트라캠퍼스가 이렇게 유명해진 비결은 무엇이고, 어떤 건축적 가치가 숨어 있는지 그 비밀에 대해 알아보기로 하자.

* 니컬러스 그림쇼 Nicholas Grimshaw

1939년에 태어난 영국의 건축가. 에딘버러건축예술대학과 AA건축학교에서 공부했으며, 1970~80년대 영국에 세워진 하이테크 건축을 이끈 중심인물 중 하나다. 그는 유럽 대륙과 영국을 잇는 도버해협 횡단열차의 런던 기착역인 워털루의 설계를 맡은 사람으로 유명하며, 대표작으로는 '전 세계에서 가장 큰 온실'이라 불리는 에덴프로젝트를 비롯해 그랜드유니언운하테라스, 국립우주센터 등이 있다.

** 프랭크 게리 Frank O. Gehry

1929년 캐나다에서 태어난 건축가. 1947년에 미국으로 건너가 남캘리포니아대학교와 하버드디자인대학원에서 공부했다. 티타늄이라는 신소재를 이용한 구겐하임미술관으로 침체에 빠진 빌바오를 되살린 사람으로 유명하다. 프라하 ING사옥, 로스앤젤레스 월트디즈니콘서트홀 등이 대표작이며 1989년 프리츠커상을 수상했다. 최근 페이스북 본사를 디자인하는 등 여전히 왕성한 활동을 하고 있다.

*** SANAA

SANAA는 세지마 카즈요와 니시자와 류에의 영문 머리글자를 따서 만든 이름의 건축 그룹이다. 세지마 카즈요는 1956년에서 태어나 이토 토요 건축설계사무소에서 근무한 경험이 있다. 1966년생인 니시자와 류에는 세지마 카즈요가 차린 설계사무소의 직원이었다가 독립한 후에 각자의 사무소를 운영하며 공동의 사무소도 운영하게 되는데, 그것이 바로 SANAA다. 작은 규모의 건축은 각자의 사무실에서 하고, 큰 규모의 프로젝트는 공동 사무소가 운영하는 식이다. 일본에서 안도 타다오 다음으로 네 번째로 프리츠커상을 수상했으며, 단순하고 절제된 건축, 주변 환경과 조화를 이루는 건축을 지향하는 그룹으로 유명하다. 대표작으로는 이들의 출세작인 가나자와에 있는 21세기미술관이 있으며 파주출판단지에 있는 도서출판 동녘의 사옥 기본 설계도 이들이 맡았다.

**** 알바로 시자 Alvaro Siza

1933년 포르투갈에서 태어난 건축가. 어렸을 때부터 그림과 디자인에 관심이 많아 화가가 되고 싶었으나 가족의 반대로 건축을 공부했다. 페르난도 타부라 밑에서 공부를 했고 건축 실무를 익혔다. 어린 나이에 자신의 사무소를 열어 노년의 나이에도 왕성하고 활동하고 있는 그는 1992년에 프리츠커상을 수상했다. 대표작으로는 노바레스토랑, 레카수영장 등이 있으며, 국내에도 알바로시자홀(현 안양파빌리온)과 아모레퍼시픽 기술연구원 '미지움' 건물 등을 설계했다.

리처드 버크민스터 풀러가 설계한 돔 전경. ⓒ 김상일

비트라캠퍼스 작품 리스트

1981·1986년	팩토리빌딩 Factory Building	니컬러스 그림쇼
1984년	밸런싱 툴 Balancing Tools	클래스 올덴버그 & 코셰 반 브루겐
1989년	비트라디자인뮤지엄 Vitra Design Museum	프랭크 게리
1989년	팩토리빌딩 Factory Building	프랭크 게리
1993년	소방서 Fire Station	자하 하디드
1993년	콘퍼런스 파빌리온 Conference Pavillion	안도 타다오
1994년	팩토리빌딩 Factory Building	알바로 시자
2000년	돔(설치) Dome	리처드 버크민스터 풀러
2003년	페트롤 스테이션(설치) Petrol Station	장 프루베
2006년	버스정류장(설치) Bus Stop	재스퍼 모리슨
2010년	비트라하우스 VitraHaus	헤르초크 & 드 뮤론
2011년	에어스트림 키오스크 Airstream Kiosk	
2012년	팩토리빌딩 Factory Building	SANAA
2013년	디오게네 Diogene	렌조 피아노

비트라캠퍼스의 시각적 아이콘
: 비트라하우스

비트라캠퍼스를 방문하면 가장 먼저 눈에 들어오는 건축물이 있다. 바로 비트라하우스VitraHaus다. 유럽에서 흔히 볼 수 있는 전통 가옥 같은 형태의 집들이 컨테이너처럼 쌓여 있는 이상한 모양을 하고 있는 건축이다. 시작부터 범상치가 않다.

이 건물은 '하우스Haus, 집'라는 이름이 붙어 있지만, '쇼룸'으로 사용하는 공간이다. 비트라캠퍼스를 방문한 사람들이 일부러 이곳까지 왔는데 비트라 가구를 한눈에 보고 싶다는 요청을 해서 2010년에 만든 일종의 비트라 가구 전시장 겸 쇼룸이다. 설계는 바젤을 중심으로 활동을 하는 세계적인 건축가 그룹 헤르초크 & 드 뮤론이 맡았다. 이 건축가 듀오는 가장 '핫'한 건축가답게 참신한 건축을 보여 주었다. 비트라하우스에 가면 비트라의 최신 가구 라인을 한눈에 볼 수 있다. 건물 내외부가 트렌디한 디자인으로 무장되어 있는 느낌이다. 헤르초크 & 드 뮤론은 이 작품에서도 과거 그들의 어떤 작품과도 연관성이 없어 보이는 파격적인 형태와 공간을 선보였다. 끊임없이 변신하는 최고의 건축가답게 비트라라는 브랜드 정체성에 가장 충실한 전시장 건축을 선보인 것이다.

건축 콘셉트는 건물의 이름 그대로 '비트라의 홈Vitra Haus'이라 표현할 수 있다. '집'이라는 콘셉트에 충실하게 집을 여러 채 쌓아 놓은 형태의 이 건물은 유니크하고 직설적이다. 홈이라고 하는 것은 결국 고향, 중심, 마음 안에 자리 잡고 있는 심장 같은 존재다. 결국 비트라하우스가 비트라캠퍼스의 중심 역할을 하고 있는 곳이라는 의미를 전달하고자 했던 것이 아닐까. 이 건물은 방향성이 없는 건축으로 어느 각도에서 봐도 다채로운 건축 외관을 경험할 수 있도록 디자인되어 있다. 안으로 들어가 보면, 외부에서 보이는 경사 지붕의 형태를 고스란히 느낄 수 있도록 공간감을 표현했다.

어쩌면 다분히 직설적인 조형 형태가 반복되고 있는 것일 뿐인데 왜 우리는 묘하게 예술적인 감흥을 느끼게 되는 것일까. 아마 디자인 뒤에 숨어 있는 구조미학 때문일 것이다. 구조체 없이 공중부양 하듯 중심을 잡고 있는 집들의 형태는 컨템퍼러리 디자인을 표방하면서도 때로는 해학적으로 느껴진다. 비트라 가구 전시장이라고 해서 자칫 과하게 힘(?)을 주거나 캠퍼스에서 가장 존재감 있는 건물을 만들기 위해 무거운 조형감을 표현하려 했다면 아마도 실패한 건물이 되었을지도 모르겠다. 건축가의 지혜와 비트라의 감각이 돋보이는 신의 한 수라는 생각이 든다. 비트라캠퍼스의 최근작인 비트라하우스는 현재 비트라캠퍼스의 시각적 아이콘 역할을 톡톡히 하고 있다.

미래의 거장을 발견하는
펠바움 회장의 안목

비트라캠퍼스의 시작은 1981년으로 거슬러 올라간다. 원래 그 자리에는 평범한 공장이 있었는데, 화재가 발생해 공장이 전부 불에 타 버리는 사고가 발생했다. 당시 창업자의 아들이었던 롤프 펠바움Rolf Fehlbaum 비트라 회장은 영국 건축가 니컬러스 그림쇼에게 공장 재건을 의뢰했다. 공장을 최대한 빨리 가동시키기 위해서는 건축가이자 가구 디자이너인 임스부부의 양산 가구처럼 기성재를 이용해 단기간에 공장을 지어야 했다. 니컬러스 그림쇼는 회장의 요청대로 단기간에 공장을 완성했다. 당시 영국을 대표하는 하이테크 건축가로 이름을 날리던 그림쇼는 아름다운 모습의 건축보다 기능을 중시하는 다분히 기능적인 기술중심의 건축을 선보였다. 당시 비트라로서는 최선의 선택을 한 것이지만 얼마 지나지 않아 이러한 생각은 바뀌었다.

원래는 그림쇼가 마스터플랜부터 모든 건축 동을 설계하기로 했지만, 프랭크 게리와 롤프 펠바움이 만나면서 이 계획에 변화가 생겼다. 펠바움 회장이 조각가 클래스 올덴버그Claes Oldenburg의 소개로 프랭크 게리를 만나면서 비트라캠퍼스는 공장에서 예술타운으로 본격적인 변신을 시도하게 된다. 프랭크 게리는 펠바움 회장을 그림쇼의 작품에서는 느끼기 어려웠던 예술적인 감동의 세계로 이끌었다. 프랭크 게리의 작품에 매력을 느낀 펠바움 회장은 1989년 비트라의 가구 컬렉션 전시장 기능을 할 비트라뮤지엄 설계를 의뢰했다. 프랭크 게리는 특유의 조형 형태를 가진 디자인을 캠퍼스에 선보였다. 많은 사람들이 모르고 있는 사실이지만, 사실 유럽에 지은 프랭크 게리의 첫 작품이 그렇게 탄생했다. 지금은 전 세계에서 프랭크 게리의 건축을 볼 수 있지만, 비트라뮤지엄이 그의 유럽 첫 진출작이라는 사실이 놀랍기만 하다. 프랭크 게리의 작품이 들어선 이후, 비트라캠퍼스는 본격적으로 세간의 주목을 받기 시작했다.

프랭크 게리의 작품을 계기로 비트라는 다양한 건축가와 만나게 된다. 화제가 되었던 두 번째 작품은 공장도 전시장도 아닌, 바로 소방서다. 1993년 공장 부지에 들어선 특별한 소방서가 바로 지금의 자하 하디드를 만든 작품이다. 화재로 공장이 소실되었기 때문에 비트라는 단지 내 소방 대책 중 하나로 소방서를 만들기로 했고, 이 건물을 자하 하디드에게 맡겼다. 지금이야 자하 하디드가 세계적인 건축가의 반열에 올랐지만 이때만 해도 그는 신인이었다. 이 소방서는 자하 하디드 최초의 건축 작품이다. 건물을 설계하기 전에 자하 하디드는 비트라로부터 의자 디자인 등을 의뢰받아 몇 가지 디자인을 맡은 적이 있는데, 이때 펠바움 회장이 자하 하디드를 눈 여겨 보고 있다가 건축을 의뢰하게 되었다고 한다.

자하 하디드의 스케치와 개념은 실제 건축으로 구현하기 어렵다는 평가를 많이 받는다. 그래서 '페이퍼 아키텍트'라는 별명까지 붙었을 정도다. 현실과 동떨어져 있는 건축을 하는, 종위 위에서 건축을 하는 사상가이자 실험적인 아티스트로만 여겨지던 건축가를 펠바움 회장은 과감하게 소방서 설계자로 선택했다. 결과는 대 성공이었다. 비트라는 가구회사가 어떻게 진보적인 건축가들을 기용해서 실험적이지만 파격적이고 아름다운 건축을 만들어 낼 수 있는지 프랭크 게리에 이어 자하 하디드의 작업으로 증명해 보였다. 사람들은 비트라뮤지엄과 소방서 건물을 보기 위해 비트라캠퍼스로 모여들기 시작했다.

이후 비트라는 더욱 탄력을 받아, 이번에는 안도 타다오를 선택했다. '콘퍼런스 파빌리온'은 회의실 기능을 하는 건물로, 안도 특유의 안정적인 조형감과 신비스러운 공간감을 보여 주는 노출 콘크리트 건축으로 완성되었다. 안도 역시 1970년대 후반부터 일본뿐만 아니라 세계적으로 이름이 알려지지 시작하던 때였기 때문에 그의 유럽 진출은 더욱 화제가 되었다. 콘퍼런스 파빌리온 역시 안도 타다오의 첫 번째 해외 진출작이다.

이쯤 되니 세상은 펠바움 회장의 건축가를 발견하는 비범한 '눈'에 대해 말하기 시작했고, 비트라사의 행보에도 관심의 촉수를 세우기 시작했다. 펠바움 회장은 프랭크 게리, 자하 하디드, 안도 타다오를 거장 건축가 대열에 오르게 한 사람이 되었다. 비트라캠퍼스 역시 재능 있는 건축가들의 출세를 돕는 작품 전시장 역할을 해 주었다. 펠바움 회장은 이런 놀라운 혜안과 능력을 인정받아 2004년부터 6년간 프리츠커상 심사위원을 맡기도 했다. 비트라는 이미 단순한 가구회사가 아니라 디자인계에 지대한 영향을 미치는 회사로 자리 잡았고, 가구업계 리딩 브랜드로 확고하게 그 이름을 알렸다. 그 시작은 바로 비트라캠퍼스부터였다고 해도 과언이 아니다.

요즘 건축 마케팅이니 스페이스 마케팅이니 하는 말들을 많이 하지만, 당시만 해도 비트라의 행보는 아주 이색적이고 놀라운 것이었다. 하지만 정작 펠바움 회장은 "내가 이런 건물을 지은 것은 마케팅을 위한 것이 아니라 필요해서 지은 것"이라고 이야기한다. 그는 뼛속까지 문화와 예술의 감성으로 무장하고 있는 사람으로 어쩌면 지금의 비트라캠퍼스는 자연스럽게 발생한 하나의 결과라고도 할 수 있다. 펠바움 회장의 판단은 이후에도 일관성이 있었고, 더욱 놀라운 점은 건축가들에게 충분히 그들의 능력과 작품성을 믿고 설계를 맡겼다는 점이다.

계속 진화하는 비트라캠퍼스
: 비트라하우스와 팩토리빌딩

세 명의 건축 거장들의 글로벌한 출세작들이 비트라캠퍼스에서 공개된 이후, 2010년에 앞서 이야기한 비트라하우스가 완공되었다. 당시 가장 주목 받는 건축가였던 헤르초크 & 드 뮤론이 비트라와 만났다는 것 자체로 화제가 되었고, 그 기대만큼이나 작품의 파급력은 대단했다. 비트라하우스가 연일 화제를 모으며, 비트라캠퍼스가 완성되었다는 말이 돌 즈음, 2012년에 또 하나의 새로운 건물이 들어섰다. 바로 팩토리빌딩이다. 팩토리빌딩 연작 시리즈는 1981년 니컬러스 그림쇼의 디자인, 프랭크 게리의 비트라뮤지엄에 이어 비트라 팩토리빌딩 디자인의 계보를 이어갔다. 프랭크 게리 이후에 바통을 이어 받은 사람은 1994년 알바로 시자다. 알바로 시자가 비트라캠퍼스 건축에 손을 댄 것 자체가 화제였다. 왜냐하면 알바로 시자는 현존하는 가장 존경받는 건축가 중 한 사람이었기 때문이었다. 또 한 번 펠바움 회장의 '선구안'에 세상은 놀랐다.

팩토리빌딩 시리즈의 가장 최근작은 바로 세지마 가즈요妹島和世와 니시자와 류에西沢立衛로 구성된 일본 혼성 듀오 건축가 그룹 SANAA가 완성한 유니크한 하얀색 원형 건축이다. 이 건물은 비트라의 물류센터 역할을 하는 곳으로 하얀색의 특수유리 마감 처리를 한 외벽이 특징이다. 이 건물은 SANAA의 주요 건축 콘셉트인 '가벼운 건축'이 잘 드러나 있는 곳으로 기존 물류 센터의 이미지와는 완전 다른 모습을 보여 준다. 이 즈음에 SANAA는 결국 프리츠커상을 수상했다. SANAA는 비트라와 프리츠커상이 결코 무관하지 않다는 것을 다시 한 번 보여 주었다. 이로서 비트라는 스타 건축가가 꼭 거쳐 가야만 하는 현장처럼 여겨지게 되었다.

건축으로
가구의 정신을 표현하다

펠바움 회장은 건축가들을 불러 모아 건물을 세우는 것에만 그치지 않고 가구회사로서 가구회사가 추구해야 할 가치와 정신에 맞는 행보도 이어 가고 있다. 비트라뮤지엄에서는 그동안 비트라가 제작한 4000종의 가구들을 모아서 전시를 하고, 비트라하우스는 최근 작품을 한눈에 볼 수 있도록 브랜드 전시장 기능을 한다. 또한 비트라캠퍼스에서는 옥션에서 구입한 빈티지 작품들도 만날 수 있다. 펠바움 회장은 가구라는 것은 디자인이 되어서 대량생산 되어야 한다는 점을 놓치지 않았다. 그래서 대량생산과 기성품 제작이라는 가치를 그대로 살려, 세계를 돌며 옥션에서 의미 있는 디자인 가구들을 사들이고 비트라캠퍼스에 설치했다. 건축은 물론 가구도 작품을 컬렉션 하듯 캠퍼스에 하나둘씩 배치한 것이다.

미국의 건축가이자 사상가인 리처드 버크민스터 풀러Richard Buckminster Fuller가 설계한 돔이 1970년대에 제품화되었는데, 펠바움 회장은 옥션에서 이 돔을 구입해 비트라캠퍼스에 설치해 이벤트 장소로 사용하고 있다. 장 푸르베가 1953년경에 설계하고 만든 페트롤 스테이션도 캠퍼스에 설치되어 있는데, 프레하브Pre-Publication, 사전 공장 제작 방식 또는 조립식 알루미늄 패널을 사용한 이 구조물은 작지만 장 푸르베의 구축 기법이 잘 녹아 있는 작품이다. 영국 출신의 세계적인 디자이너 재스퍼 모리슨Jasper Morrison이 비트라를 위해 디자인하고 임스부부의 와이어체어를 사용한 벤치가 설치된 세계 유일의 버스정류장도 비트라캠퍼스의 큰 볼거리 중 하나다.

이처럼 비트라캠퍼스는 건물을 짓고 가구를 컬렉션 하는 것에 그치지 않는다. 여기서 한 걸음 더 나아가 가구와 건축이 만나는 접점인 실험주택도 시도한다. 하이테크 건축가 렌조 피아노는 최근 세계를 돌며 대규모 건축을 짓고 있지만, 비트라캠퍼스에서 만큼은 예외였다. 그는 비트라와 함께 초소형 주택을 연구했다. 비트라는 2013년에 렌조 피아노에게 이 작업을 의뢰해 2009년부터 개발한 약 20제곱미터6평짜리 작은 집 '디오게네Diogene'를 캠퍼스 내에 설치했다. 렌조 피아노는 필요한 최소한의 것을 갖춘 주택을 사전 제작해 기성품화한 주택을 선보인 것이다. 이렇게 또 한 번 비트라는 세상을 놀라게 하며 비트라라는 가구회사의 아이덴티티에 맞는 결과물을 내놓았다.

건축으로 최고의 기업 마케팅 사례를 보여 준
비트라

'건축 성지'라 불리는 비트라캠퍼스에 가면 현대건축사를 관통하는 다양한 작품들을 감상할 수 있다. 그렇기 때문에 현대건축을 경험하려면 꼭 비트라캠퍼스를 들러야 한다는 말이 나오는 것이다. 비트라캠퍼스의 사례는 기업의 메세나Mecenat, 기업들이 문화예술을 적극 지원하며 사회공헌과 국가 경쟁력에 이바지하는 활동적인 행보와 그 효과를 살펴보기 위해서도 한 번쯤 자세히 들여다볼 필요가 있다. 비트라캠퍼스는 건축의 가치가 기업에 어떤 영향을 줄 수 있는지 아주 잘 보여 주기 때문이다.

첫째, 건축은 비즈니스의 성격을 상징적으로 드러내는 역할을 한다. 비트라 공장 부지가 비트라캠퍼스가 될 수 있었던 것은 롤프 펠바움 회장이 가구회사라는 업業의 정의를 명확히 내리고 있었기 때문이 가능한 일이었다. 그는 가구의 역사를 건축을 통해 은유적으로 표현하고 캠퍼스 안에 구현했다. 가구가 지니는 구조, 디자인 트렌드, 재료 선정의 묘미 등 가구는 건축과 떼려야 뗄 수 없는 관계가 있다. 그렇기 때문에 가구의 역사를 표현할 때 최고의 건축을 이용해 그 안에 전시를 하고, 가구와 건축이 만나는 접점에 실험주택까지 선보일 수 있었던 것이다. 비트라는 이런 작업을 통해 가구의 역사를 정의하고, 깊이 있는 브랜드의 철학을 자연스럽게 드러낼 수 있었으며, 다른 가구 브랜드와는 차별적인 지위를 점할 수 있었다.

둘째, 기업의 수장이 가지고 있었던 건축가 캐스팅 능력에 주목해야 한다. 펠바움 회장의 건축가 선정은 항상 화제가 되었다. 이렇게 늘 화제가 되고 인구에 회자되다 보니, 당연히 비트라캠퍼스에는 사람이 끊이질 않는다. 사람들은 자연스럽게 이곳에 와서 비트라라는 가구회사에 주목하게 되고, 브랜드에 대한 신뢰도 역시 매우 높아질 수밖에 없다. 자하 하디드에게는 생애 첫 작품을 맡기고, 안도 타다오에게는 해외에 공개하는 첫 작품을 만들 수 있게 했다. 또한 미국 내에 머물고 있었던 프랭크 게리를 유럽으로 진출시켜 글로벌 건축 스타가 될 수 있게 했다. 펠바움 회장은 장래가 촉망되는 건축가에게 새로운 길을 열어 준다는 개념으로 건축가를 선정한 셈이다.

그의 안목이 평가를 받은 이유는 동시대 가장 창의적인 활동을 하는 건축가를 가장 빠른 시기에 기용했기 때문이다. 모험이기는 하지만 가능성이 있는 사람들에게 '데뷔' 무대를 만들어 준 것은 '원조'의 힘을 믿어서였다. 결국 건축에 대한 회장의 높은 안목과 그만이 가질 수 있는 확신이 지금의 결과를 낳았다고 할 수 있다. 이러한 행보는 해외 스타들의 내한공연을 예로 들어 보면 이해하기 쉽다. 동시대 가장 '핫'한 뮤지션을 데리고 와서 콘서트를 처음으로 여는 것과, 몇 십 년 지나 이제 별로 찾지 않는 해외 원로스타를 초청해 콘서트를 여는 것은 하늘과 땅 차이다. 최근 국내에서도 해외 유명 건축가들의 작품들을 자주 볼 수 있는데, 비트라캠퍼스의 건축가 기용의 방식과 비교해 보면 펠바움 회장의 행보가 얼마나 도전적이었는지를 잘 알 수 있다.

셋째, 비트라캠퍼스는 대표적인 건축 마케팅 성공 사례 중 하나다. 펠바움 회장은 건축에 모든 열정을 쏟아 부은 것이 마케팅을 위한 것은 아니라고 했지만, 결국 건축의 향연을 가능하게 한 비트라캠퍼스를 통해 성공적인 기업 마케팅을 할 수 있었다. 국내에도 건축을 통해 마케팅을 하고 문화예술 메세나 기업으로 향해 가는 기업들이 있다. 현대카드와 아모레퍼시픽이 그 대표적인 기업이다. 현대카드는 사옥은 물론이고, 뮤직라이브러리를 비롯한 라이브러리 시리즈를 선보여 사람들의 주목을 받고 있다. 아모레퍼시픽 또한 연구소와 사옥 건축, 그리고 제주도의 오설록 단지까지 건축과 디자인을 중요하게 여기는 모습을 보여 주고 있다. 비트라와 많은 공통분모를 발견할 수 있다.

비트라는 유명 건축 몇 개 쯤 세워 놓고 대외 홍보를 하는 얄팍한 상술이 아닌, 건축·디자인의 역사와 철학을 중시하는 기업으로 자리매김하는 과정에서 자신들의 정체성을 확고히 하며 브랜드 가치를 높였다. 문화예술을 깊이 이해하고 사랑하는 펠바움 회장의 미래를 내다 본 판단이 지금의 비트라를 지속가능한 기업으로 존재할 수 있게 했다. 비트라는 비트라캠퍼스 프로젝트를 통해 세계 최고 가구회사라는 브랜드의 입지를 완전히 굳혔고, 공장 부지를 최고의 관광 코스로 만들었다. 가구와 건축의 관계를 확실히 정립하고, 건축을 통해 최고의 기업 가치를 올린 대표 사례가 되었다.

한 기업이 시간을 두고 만든 공장 부지가 현대건축의 성지라 불리며 모든 사람들이 방문하는 곳이 되다니, 얼마나 영광스럽고 의미 있는 일인가? 기업은 공장을 짓고 미술관도 짓고 각종 전시장도 수없이 짓는다. 이런 일들을 할 때 비트라처럼 건축적인 사고를 통해 일석이조의 효과를 누리며 기업 메세나 활동을 계획해 본다면 어떨까. 기업이 제대로 된 건축을 선보이는 것은 그 나라의 국격을 보여 줄 수 있는 지름길이다. 이런 생각을 하니 국내의 건축 상황이 떠올라 아쉬운 마음이 더욱 깊어진다.

위 : 1989년 프랭크 게리의 유럽 첫 진출작인 비트라디자인뮤지엄.
비트라의 가구 컬렉션 전시장 기능을 한다. ⓒ 이서규
아래 : 공장 부지에 들어선 소방서 건물은 자하 하디드 최초의 건축 작품이다. ⓒ 김정후

위 : 비트라의 쇼룸 역할을 하는 비트라하우스. 집을 여러 채 쌓아 놓은 형태의 디자인이 유니크하다. ⓒ 이서규
아래 : 외관 경사지붕의 공간감이 비트라하우스 내부에도 그대로 나타나 있다.

위 : 프랭크 게리 특유의 조형 감각이 잘 살아 있는 비트라디자인뮤지엄.
아래 : 팩토리빌딩 시리즈의 가장 최근작은 일본 혼성 듀오 건축가 그룹 SANAA가 완성한 하얀색 원형 건축이다.

자연

자연을 닮은
건축,

땅을 이해하는
건축

한국적인,
너무나 한국적인

공간사옥
제주 포도호텔

닫힌 듯 열려 있고, 막힌 듯 이어져 있는

: 김수근의 공간사옥

만약 당신이 외국인 친구와 하루 동안 시간을 보낼 여유가 생겼다고 가정해 보자. 그들이 여러분에게 가장 한국적인 현대건축을 소개해 달라고 한다면 어떤 건축을 소개하고 싶은가? 이 외국인들은 한국에 지대한 관심을 가지고 있어 종묘, 경복궁, 한옥마을 등은 이미 잘 알고 있기 때문에 현대건축을 소개해 달라고 한 것이다. 가장 한국적인 현대건축. 지금 당신의 머릿속에 떠오르는 건축이 있는가? 나는 이 질문에 대한 답으로 자신 있게 추천하고 싶은 두 개의 건물이 있다. 공간사옥현 아라리오 뮤지엄 인 스페이스과 제주 포도호텔이다. 겉으로 보기에는 정말 평범해 보이는 건축이다. 게다가 한국을 대표하는 기왓장 같은 것도 전혀 보이지 않는다. 왜 이 두 건축이 가장 한국적인 현대건축일까? 지금부터 이에 관한 이야기를 해보려고 한다.

고故 김수근* 선생이 설계한 공간사옥은 다양한 조사에서 건축전문가들이 뽑은 최고의 한국 근현대건축 중 하나다. 김수근은 문화, 예술은 물론이고 건축에 관한 이야기를 자연스럽게 할 수 없었던 시절에도 특별한 안목과 시선을 가지고 활동한 남다른 건축가다. 공간사옥은 1970년부터 몇 년 간 두 차례에 걸쳐서 차례로 지어진 벽돌건물이다.

* 김수근 金壽根

1931년에 함경남도에서 태어난 한국의 대표적인 건축가. 〈타임〉지는 그를 '서울의 로렌초'라 불렀으며, 많은 사람들은 그를 '한국 현대 문화예술사를 새로 쓴 건축가'로 평가한다. 서울대학교와 도쿄예술대학에서 건축을 공부했으며, 홍익대학교와 국민대학교에서 교편을 잡기도 했다. 유학생 신분으로 동료 건축가들과 함께 남산 국회의사당 현상설계 공모에 1등으로 당선되며 이름을 알리기 시작했다. 1966년에는 종합예술지 월간 〈공간〉을 창간하고 다양한 분야의 문화예술인과 교류하며 우리나라 문화예술 발전에 기여했다. 김수근은 그의 작업실이기도 했던 공간사옥을 비롯해 남산 자유센터, 서울 경동교회, 샘터사옥, 부여박물관, 서울올림픽주경기장 등 수도 없이 많은 한국의 대표적인 건물을 남겼다. 1986년에 55세라는 이른 나이에 세상을 떠났다.

공간사옥은 대로변에서 보면 정면이 좁은듯 하지만 뒤로 길게 뻗은 형상을 하고 있는 지하2층, 지상5층 규모의 박스형 건물이다. 공간사옥의 진정한 매력은 안으로 들어가면서부터 펼쳐진다. 일단 이곳에 들어온 사람들은 반층씩 올라가면서 다양한 높이의 천정들을 만나게 된다. 지상5층 규모지만, 실제로는 5층 이상 건물이라 느끼게 할 정도로 상당히 복잡한 구조를 하고 있다.

손을 올리면 닿을 것 같은 높이의 천정, 두 손을 뻗으면 맞닿을 것 같은 양쪽 벽면, 크지 않은 공간의 분위기. 여기서 무엇이 연상되는가? 바로 우리나라 옛 도시나 주거 지역에서 흔히 발견할 수 있는 골목길과 마을이다. 공간사옥은 바로 이 구불구불 이어지는 마을의 골목길을 현대적인 패턴으로 재해석한 건물이다. 공간사옥은 한국적인 인간 척도를 공간 구성에 가장 함축적으로 반영한 곳이라 할 수 있다.

김수근은 이 건물을 만들어 내는 과정을 "결국 좁은 골목길을 통과해서 머무르는 작은 공간, 즉 어머니의 자궁과 같은 공간을 만들어 내는 것"이라 이야기 했다. 공간사옥 앞에는 전통 한옥 한 채가 있는데, 마치 공간사옥 건물이 한옥을 둘러싸고 있는 것 같다. 공간사옥의 이미지가 한옥의 전통 구조 이미지와 오버랩 될 수 있도록 설계한 것이다. 공간사옥은 내부로 들어가 봐야 더욱 그 공간 개념을 잘 이해할 수 있다. 좁은 계단을 타고 올라가면 갑자기 탁 트인 넓은 공간을 만나게 되는데, 한옥이 마당을 기준으로 방과 방이 연결되는 동선으로 구성된다는 것을 표현한 것이다.

즉, 공간사옥은 중간의 탁 트인 중정을 두고, 각 공간들이 만나는 전통 한옥의 공간 개념을 계승하고 있다. 공간사옥의 건축물 자체는 주로 조적벽돌을 사용한 현대적인 건축물이지만, 구성 요소 하나하나를 살펴보면, 분명 방식은 다르지만 한국의 전통적 요소가 녹아 있는 건축이라 볼 수 있다. 실내 공간의 이러한 동선 개념은 외부와도 자연스럽게 연결되면서 길과 건축 그리고 사람이 한꺼번에 어우러지고 있는 광경을 연출한다. 건축을 둘러싼 이 모든 요소가 실내외로 이어지며 극적인 공간을 연출하는 것이다.

또한 인간 중심적인 척도로 공간을 분할한 아기자기한 규모의 내부 공간 구성, 막힌 듯 막혀 있지 않은 외부공간과 마당과의 연결 등은 언제나 이곳을 방문하는 사람들에게 감동을 준다. 결국 '한국적인 것'은 형태가 아니라 공간 개념에서 온다는 것을 김수근의 건축은 보여 주고 있다.

초가지붕과 제주 오름, 골목길을 닮은 곳
: 이타미 준의 제주 포도호텔

두 번째 소개할 건축은 제주도에 있는 포도호텔이다. 재일교포 건축가 이타미 준伊丹潤, 한국 이름 유동룡이 설계한 작품이다. 안타깝게도 이타미 준은 얼마 전에 세상을 떠났다. 이타미 준은 일본 건축계에서나 한국 건축계에서나 아웃사이더였다. 하지만 누구보다도 '한국적인 것'이 무엇인지 고민을 하고 그 고민의 결과를 공간과 조형에 녹여 낸 작품을 남긴 사람이다. 포도호텔의 첫 이미지는 역시 외관이다. 징크 금속으로 마감한 둥근 지붕은 초가지붕의 형태를 닮아 있으면서 동시에 제주의 오름을 상징하기도 한다. 이러한 지붕들이 모여 있는 형태가 포도송이를 연상시킨다 해서 포도호텔이라는 이름이 붙었다. 그리고 오름을 닮은 이 둥근 지붕과 낮은 건축 형태는 튀지 않고 자연스럽게 주변 지형과 조화롭게 어울리고 있다.

1층으로 낮게 배치되어 있는 건물은 외부에서 보면 사실 그 진정한 가치를 느끼지 못할 정도로 아담하고 소박하다. 처음 포도호텔을 찾는 사람은 건물이 어디에 있나 찾아 봐야 할 정도로 이 호텔은 눈에도 띠지 않고 존재감도 없어 보인다. 하지만 실제로 안으로 들어가서 복도를 보면 그 반전에 놀라게 된다. 이 복도는 이타미 준이 골목길을 생각하며 표현한 것으로, 골목길 옆으로 집들이 자연스레 나열되어 있는 것 같다는 느낌을 준다. 그 집들 사이로 살짝 보이는 틈과 그 틈 사이를 비집고 나오는 빛은 복도를 환하게 비춰 주며 그 공간을 아늑하고 아름답게 만들어 주고 있다. 어떻게 보면 이러한 틈을 보이는 공간 구성 방식이 다분히 일본적이라는 평도 있지만, 이것은 일본과 한국의 두 정체성을 내포하고 있는 이타미 준의 정신세계에서 비롯된 것이라고 할 수 있다.

복도를 걷다 보면 중간에 둥근 정원이 나타난다. 둥근 유리문 너머로 보이는 신비로운 정원은 자세히 보면 외부공간이다. 위쪽으로 하늘이 열려 있어 계절의 변화를 오롯이 실내에서 느낄 수 있도록 디자인되어 있다. 이 둥근 중간 정원은 확실히 내부공간의 정점이라고 할 수 있으며, 방문객들이 가장 사진을 많이 찍는 곳이기도 하다.

포도 알 모양의 집 하나하나가 실제로 호텔 객실이 되었는데, 그 객실로 들어가 보면 마당이 있고 대청마루를 건너서 방들이 있는 한옥의 공간적 위계를 그대로 살려놓은 듯한 느낌을 준다. 호텔 룸은 한식과 서양식, 이렇게 두 개의 타입으로 마련되어 있는데, 한식 방은 그야말로 한국적인 주택 건축을 호텔 안에 그대로 옮겨 놓은 것 같다. 대청마루 같은 역할을 하는 거실이 방을 접하고 있는 형식이다. 객실 바깥으로 펼쳐진 앞마당의 조경은 아주 소박하게 꾸며져 있고, 대청마루처럼 설치된 단 너머로는 마당이 보인다. 작은 마을에 편안하게 집들이 모여 있는 듯한 느낌이다. 외부 마당으로 나가다 보면 객실과 객실이 서로 마주 볼 수 있도록 되어 있다는 점 또한 특이하다. 항상 개방되어 있고 주변을 경계하지 않는 우리 마을 옛집들이 특징이 그대로 표현되어 있다는 것을 한눈에 알 수 있다.

이타미 준은 현대건축 조형의 순수성을 강조하려면 전통에 뿌리를 둔 문화를 자연스럽게 표현해야 한다고 항상 주장해 왔다. 이런 그의 생각은 포도호텔에서 여실히 드러나 있다. 이 호텔은 이타미 준 특유의 시각적 어휘가 충실하게 표현되어 있는 그의 대표작임에 틀림없다. 포도호텔은 이타미 준 개인의 대표작일 뿐만 아니라, '한국성'을 표현한 현대건축의 대표적인 작품으로 꼽기에 손색이 없다.

기와를 얹고 전통 문양을 넣어야만 한국적인 것은 아니다. 은유적인 표현을 통해 얼마든지 한국적인 느낌을 살릴 수 있다. 공간사옥이나 포도호텔은 표현 방법은 사뭇 달라도, 건축 전반에 흐르는 개념은 유사하다. 우리나라의 골목길과 전통 한옥의 공간적 체험을 구현한 두 현대건축은 실로 한국을 대표하는 건축의 명작이라 할 만하다.

건물을 보다 한국적으로 보이게 만들고 싶다면 형태나 장식만 신경 쓸 것이 아니라, 전통 건축의 공간 개념을 보고 이해하는 것이 먼저라는 생각이 든다. 이 두 작품은 형태의 계승보다 정신의 계승이 훨씬 우위라는 것을 알게 해 준다. 이 사실을 제대로 알고 있어야 세계 무대에서도 우리 건축이 경쟁력을 가질 수 있을 것이다.

위 : 초가지붕과 제주의 오름을 상징하는 포도호텔의 둥근 지붕.
아래 : 김수근의 공간사옥 입구. 이곳은 현재 '아라리오 뮤지엄 인 스페이스'로 운영되고 있다.

위 : 겉은 아주 단순해 보이지만 공간사옥의 내부는 상당히 복잡하다.
아래 : 닫힌 듯 열려 있고, 막힌 듯 이어져 있는 공간사옥의 내부. 전통 한국의 골목과 마을을 연상시킨다.

공간사옥의 벽돌 외벽을 덮고 있는 담쟁이덩굴.
오랜 세월의 흔적을 나타내고 있다. ⓒ이상일

빛은
영원한 건축의 도구

롱샹성당
클라우스형제예배당
MIT 크레스지채플

빛으로 존재감을 드러내는 건축
: 르코르뷔지에의 롱샹성당

빛의 존재를 느껴본 적이 있는가? 우리는 뜨거운 태양 아래 백사장에 누워 강렬한 햇살을 느낄 수도 있고, 보름달이 환하게 떠 있는 한적한 골목길을 걸으며 달빛의 존재를 느낄 수도 있다. 건축에서도 빛의 존재를 느낄 수 있다. 건축은 여러 가지 형태로 그 존재감을 드러내기도 하고, 사람들로 하여금 특별한 공간적 경험을 하게 하면서 존재감을 드러내기도 한다. 때때로 빛은 건축의 존재감을 강하게 드러내 주는데 일조한다.

근대건축의 명작을 꼽을 때 항상 거론되는 작품이 있다. 바로 1955년 건축 거장 르코르뷔지에가 완성한 롱샹성당The chapel of Notre Dame du Haut in Ronchamp이다. 이 건물은 파리에서 6시간 정도 차를 타고 가야 볼 수 있는 작은 성당이다. 하지만 건축하는 사람들이라면 반드시 한 번쯤 가보야 할 순례 코스 중에 하나라 늘 많은 사람들이 이곳을 방문한다.

언뜻 보면 게 모양을 한 독특한 형태의 지붕이 보여 주는 조형미가 단연 눈에 먼저 들어온다. 하지만 이 건물에서 가장 눈 여겨 봐야 할 곳은 실내다. 지붕과 벽 사이에 살짝 떠 있는 틈 사이로 빛이 쏟아져 들어온다. 묘하게도 이 빛 때문에 관람객들은 공간의 외관 형태를 감지할 수 있다.

하지만 무엇보다 롱샹성당의 가장 큰 매력은 벽에 불규칙적으로 배치된 구멍처럼 보이는 스테인드글라스 창이다. 다양한 사이즈의 조각처럼 디자인 구멍으로 표현된 이 스테인드글라스 창을 통해 빛이 아름답게 퍼져 들어온다. 실내가 어두울 때 빛의 존재는 더 뚜렷하게 그 모습을 드러낸다. 마치 원시인의 동굴 같기도 한 이 공간으로 쏟아져 들어오는 빛을 통해 우리는 자연과 희망을 동시에 느낄 수 있다.

이 롱샹성당을 보고 감동받아 훗날 꼭 이런 '빛의 건축'을 짓겠다고 다짐한 건축가가 있다. 바로 일본이 낳은 세계적인 건축가 안도 타다오*다. 롱샹성당처럼 빛을 주제로 한 안도 타다오의 작품이 바로 '빛의 교회'다. 십자가 모양으로 뚫린 콘크리트 벽 사이로 빛이 들어오고, 사람들은 그 십자가를 통해 들어오는 빛을 느끼며 신의 존재와 자연의 섭리를 깨닫는다. 안도 타다오의 건물이 르코르뷔지에의 롱샹성당과 다른 것은 화려한 외관 대신 극도로 절제된 콘크리트 외관을 했다는 것이다. 하지만 결국 두 건물은 모두 '빛'이 주인공이다. 빛의 교회가 롱샹성당으로부터 많은 영감을 받았다는 것을 한눈에 봐도 알 수 있다.

빛의 존재를 알려 주는 건축
: 페터 춤토르의 클라우스형제예배당

'빛의 건축'에 분류될 수 있는 또 다른 사례에 대해 이야기해 보겠다. 그 주인공은 바로 클라우스형제예배당Brother Klaus Field Chapel이다. 외관상으로 볼 때 예배당이라고 하기에 너무나 단순한 형태다. 하지만 나에게 전 세계에서 가장 아름다운, 한 번쯤 봐야 할 예배당을 꼽으라면 이 예배당을 꼽고 싶다.

* **안도 타다오 安藤忠雄**

1941년 일본 오사카에서 출생한 건축가. 건축가가 되기 전에 권투선수였고 고등학교만 졸업하고 독학으로 건축을 배운 입지전적인 인물이기도 하다. 책과 여행을 통해 르코르뷔지에, 프랭크 로이드 라이트 등 건축대가들의 작업을 직접 보고 배우며 자신의 건축세계를 만들어 나갔다. 물, 바람, 빛, 소리, 자연 등을 건물 안에 녹여 내는 작업을 많이 했으며, 순수한 기하학적 형태와 노출콘크리트 소재는 안도 타다오의 트레이드마크다. 오사카 스미요시의 집, 빛의 교회 등 그 지역을 대표하는 건축 외에 유럽 등지에서도 안도의 대표작이 아주 많다. 제주에 있는 지니어스로사이와 글라스하우스, 본태박물관, 그리고 원주의 뮤지엄 산 등이 국내에서 볼 수 있는 그의 작품이다.

클라우스형제예배당은 '장인'이라 부를 수 있는 스위스의 건축가 페터 춤토르**의 작품이다. 그 역시 빛으로 건축을 이야기 하는 사람이다. 클라우스형제예배당은 독일 쾰른 지역에서 남서쪽으로 50킬로미터 떨어진 아센도르프wachendorf 평원에 위치해 있다. 겉에서 보면 별다를 것 없어 보이는 탑처럼 생긴 회색 콘크리트 건물로, 광활한 벌판에 고독하게 서 있다. 하지만 실내공간에 들어서면 놀라운 광경이 펼쳐진다. 이 건물은 122개의 길쭉한 원통형 목재를 빙 둘러 박아 세운 다음 그 위에 콘크리트를 부어 만들었다. 나무 거푸집을 3주 동안 불로 태워 없앴기 때문에 벽에 거무스름한 옹이와 껍질 흔적이 고스란히 남아 있다. 검게 탄 내부 벽에 그 무늬와 냄새가 남아 있기 때문에 예배당을 방문한 사람들은 건축했을 때의 시간을 상상하게 된다. 상상력을 동원해 소리와 냄새 등을 떠올리고, 오감을 동원해 상상의 나래를 펼치게 하는 이 건물에는 페터 춤토르의 독특한 아이디어가 고스란히 녹아 있다.

페터 춤토르의 건축디자인의 핵심에는 빛이 있다. 이 벽면에 남아 있는 흔적들은 건물 꼭대기에서 쏟아져 내려오는 빛으로 인해 그 존재가 더 확연히 강조된다. 빛의 존재를 알리는 페터 춤토르만의 특이한 조형기법이 반영된 공간이다. 어쩌면 이러한 빛이 없었다면 시간성을 가진 내부의 예술적인 벽 마감도 아름답다고 느끼지 못했을 것이다.

**** 페터 춤토르 Peter Zumthor**

1943년 스위스에서 태어난 건축가로 2009년에 프리츠커상을 받았다. 작품 수도 많지 않고 거대한 건물을 설계한 적도 없지만 그의 작품은 항상 많은 관심과 찬사를 받아 왔다. 그의 대표작인 클라우스형제예배당은 2007년 한 농부의 부탁으로 지은 건물로 보수도 받지 않고 작업해서 화제가 되었다. 병인박해 당시 목숨을 잃은 순교자들을 추모하기 위한 경기도 화성 남양성지의 경당 설계를 맡기도 했다. '건축가들이 가장 존경하는 건축가'로 손꼽히는 그의 대표작으로는 스위스 그라우뷘덴 주에 있는 테르메발스 등이 있다.

재료 자체가 가지고 있는 물성이 빛이라는 원초적 자연과 만나면서 오묘한 아름다움을 뿜어내고 있다. 우리는 이 예배당을 보면서 빛을 통해 본질적인 아름다움이 무엇인가, 원초적인 인간의 모습은 어떤 것인가에 대해 고민한 건축가의 모습을 비로소 만날 수 있다.

빛이 베푸는 성스러운 향연
: 에로 사리넨의 MIT 크레스지채플

미국 매사추세츠공과대학교MIT에 있는 크레스지채플Kresge Chapel 역시 독특한 방법으로 빛을 표현한 대표적인 건축이라 할 수 있다. 에로 사리넨***이 설계한 이 건물은 1955년에 완공되었는데, 원통형의 단순한 기하학적 형태와 주변 환경과 대비되는 벽돌 마감 때문에 캠퍼스 안에서 가장 눈에 띄는 중요한 오브제다. 이 건물의 가장 큰 특징은 깊이가 얕은 원형의 연못 중앙에 건물이 서 있다는 것이다. 하지만 단순히 물 위에 떠 있는 건축이 아니다. 건물 하부에는 불규칙한 크기와 간격의 아치들이 보이는데, 외부에서 보면 여기 이런 것을 왜 만들었을까 의문이 든다.

*** 에로 사리넨 Eero Saarinen

핀란드 출신 건축가로 1910년에 태어나 1961년에 사망했다. 예일대학교에서 건축을 공부했으며, 제너널모터스 기술센터, 매사추세츠 기술본부, 뉴욕 케네디국제공항 TWA 터미널 등의 대표작을 남겼다. 철재와 유리를 이용한 기하학적이고 역동적인 느낌의 건물을 많이 지었으며, 대담하고 자유로운 아이디어를 건축에 반영하는 것으로도 유명하다. 그는 가구 디자이너로도 활동하며 인상적인 작품들을 많이 남겼다.

하지만 실내로 들어서는 순간 그 이유를 바로 알 수 있다. 원통형 외벽 아랫부분의 아치 아래는 틈이 있는데 이 틈이 절묘하게 빛의 통로가 되어 주고 있다. 연못물에 반사된 빛이 실내의 벽에 반사되어 은은한 실내 공간을 만들어 주고, 물결과 만난 빛이 쉴 새 없이 움직이는 실루엣을 만들어 내는데, 마치 신의 그림자가 살아 움직이는 듯한 착각에 빠져들게 한다.

이곳의 매력은 여기서 끝나지 않는다. 크레스지채플의 하이라이트는 둥근 천장으로부터 쏟아지는 강렬한 빛이다. 이탈리아 출신 디자이너 해리 베르토아Harry Bertoia가 만든 금속 장식 때문에 천장으로부터 들어오는 빛이 환상적으로 반사된다. 로마 판테온Pantheon, 로마 하드리아누스 황제 때 건축된 로마의 모든 신들에게 바치는 신전에서 느낄 수 있는 오묘한 빛의 향연을 연출한 것 같은 분위기다.

벽 아래 틈 사이로 들어오는 물을 반사한 빛과, 하늘에서 떨어지는 가느다란 빛이 베푸는 향연으로 인해 133석의 예배당은 그 존재감이 더욱 강해진다. 이 공간은 빛 때문에 더욱 엄숙해지고, 하늘과 맞닿아 있는 것 같은 상징적인 공간이 되어 더욱 종교적인 분위기가 강조된다. 건축가는 빛이 주제가 되었기 때문에 더욱 단순한 기하학적 건물 형태를 추구했다. 크레스지채플은 아주 작은 규모의 건물임에도 불구하고 이미 캠퍼스의 중요한 건축물이 되었다. 건물이 크다고 해서 중요한 상징이 되는 것은 아니다. 단순하지만 정확한 주제가 있는 건축. 바로 우리가 원하는 건축이 이런 것이 아닐까.

롱샹성당, 클라우스형제예배당, MIT 크레스지채플은 겉모습과 다르게 빛을 활용해 만들어 낸 신비스러운 아름다움을 간직하고 있는 건물이다. 건축가들은 왜 빛을 건축에 활용했을까? 여러 가지 방법이 있음에도 불구하고 건축가가 빛을 이용하는 것은 빛을 통해 자연을 가장 은유적으로 건축에 표현하고 싶은 건축가의 욕망 때문인 듯하다.

르코르뷔지에는 이렇게 이야기했다. "건축이란 빛 아래에 모여 있는 여러 입체의 교묘하고 정확하며 장려한 유희le jeu다." 빛이란 고대건축에서 현대건축에 이르기까지 영원한 건축의 주요 도구다. 건축을 통해 자연의 빛을 표현하고, 인간은 그 빛의 존재를 통해 자연 앞에서 겸손해지는 법을 배운다. 인공조명을 전부 끄고, 건축 안에 존재하는 빛을 한번 음미해 보기로 하자. 비로소 빛의 존재감을 오롯이 느낄 수 있을 것이다. 우리는 '빛의 건축'과 마찬가지로 굳이 내가 애써 존재감을 드러내려 하지 않아도 누군가에 의해 빛이 날 수 있는 법을 배워야 하는 것이 아닐까?

불에 탄 원통형 목재 거푸집의
거무스름한 옹이와 껍질 흔적이
고스란히 남아 있는
클라우스형제예배당 입구.
ⓒ 한만원

위 : 원통형의 단순한 기하학적 형태와 주변 환경과 대비되는 벽돌 마감 때문에
MIT 캠퍼스에서 가장 눈에 띄는 크레스지채플. Wikipedia ⓒ Nick Allen
아래 왼쪽 : 둥근 천장으로부터 쏟아지는 강렬한 빛이 크레스지채플의 백미다. Wikipedia ⓒ Daderot
아래 오른쪽 : 원통형 외벽 아랫부분의 아치 아래에 틈이 있는데 이 틈이 빛의 통로가 되어 주고 있다.
Wikipedia ⓒ Daderot

위 : 클라우스형제예배당 건물 꼭대기에서 쏟아져 내려오는 빛은 본질적인 아름다움이 무엇인지 묻게 한다. ⓒ 한만원
아래 : 르코르뷔지에의 롱샹성당 내부. 외부에서 느끼지 못하던 빛의 향연이 펼쳐진다. ⓒ struvictory

멀리서 바라본 페터 춤토르의 클라우스형제예배당. ⓒ 윤명운

재생

이제는

'살리는'
건축이다

콘텐츠를 입고
다시 살아난 공간

뉴욕 하이라인

런던 테이트모던갤러리

베이징 다산쯔 798예술구

서울 선유도공원

고가 철로가 도심 블록을 관통하는 지상낙원으로

: 뉴욕 하이라인

도시 안에서는 수많은 건축이 지어지고 없어지는 과정이 반복된다. 때로는 완전히 새로운 건물이 도시 안에서 그 존재감을 드러내는 경우도 있지만, 기존 시설물을 재활용해서 만든 건물이 새 건물보다 더 주목받고 보석처럼 반짝이는 존재로 부상하기도 한다. 이번 글에서는 상대적으로 비용은 적게 들었지만, 효용은 극대화시킨 도심 건축의 사례들을 소개해 볼까 한다.

우선 멋진 도시 뉴욕으로 가 보겠다. 마천루의 도시 뉴욕은 언제나 많은 영화의 단골 배경으로 등장한다. 10여 년 전 뉴욕에는 1900년대 초반의 뉴욕을 배경으로 한 〈원스 어폰 어 타임 인 어메리카〉 같은 오래된 영화 속에서 볼 수 있는 옛 철로가 그냥 방치된 곳이 있었다. 이 철로는 1847년에 계획되어 1934년에 20개 블록을 가로지르며 맨해튼의 로어 웨스트 사이드에서 운행되던 약 2.33킬로미터 길이의 고가 화물 노선이었다. 이후에 점점 맨해튼의 도로망이 확충되고 트럭에 의한 수송이 증가하자 철도업은 점차 쇠락의 길로 접어들었다. 그리고 그곳은 1980년 철도 운행이 완전히 중단된 후 거의 20여 년 간 그대로 방치된 채 있었다.

도시의 흉물을 철거하고 재개발해야 한다는 사람들과 보존하자는 사람들의 주장은 첨예하게 대립했다. 재개발을 요구하는 사람들은 인근 토지소유자들이었고, 보존하자고 주장하는 쪽은 정부가 아니라 바로 '하이라인의 친구들FHL, Friends of the High Line'이라는 민간 운동 단체였다. 그들은 지역의 역사성을 보존하자는 취지 아래 뉴욕시를 상대로 소송까지 제기하며 하이라인 보존을 위해 노력했다. 뉴욕시는 이 시민운동단체에게 철거가 아니면 무슨 대안이 있냐고 물었다. 시민운동단체는 공원으로 만들자고 주장한다. 하지만 여러 가지 어려운 숙제들이 산재해 있었다. 일단 고가 철도 주변의 건물주들이 계속해서 철거를 주장해 합의가 이루어지기 어려웠고, 또한 예산이 부족해서 공원을 만드는데 어려움이 있었다. 하지만 시민운동단체는 적극적이었다. 그들은 공원이 들어서면 2개 층이 땅과 연결되기 때문에 결국 1층이 2개 층인 셈 이득이 생기면서 부동산적인 가치가 상승할 것이라는 논리로 건물주들을 설득했다. 예산의 문제는 최대한 있는 그대로의 모습을 살려 예산을 줄이는 방법을 사용하자고 했다. 현재의 모습을 살리면 저예산은 물론 유지 관리 비용도 많이 줄일 수 있다면서 공원 조성에 대한 의지를 표명했다. 이러한 시민운동단체의 끈질긴 설득으로 결국 고가철도는 폐기가 아닌 보존 쪽으로 논의가 흐르게 되었고, 건축가의 손을 거쳐 '재생'하는 쪽으로 최종 결정되었다.

뉴욕시는 FHL과의 협업을 통해 2003년 현상설계를 실시했고, 무려 36개국 700팀이 참가했다. 폐기 직전의 철로에 새로운 생명을 불어넣고 재생을 한다는 것이 많은 건축가들의 관심을 불러일으킨 것이다. 치열한 경쟁 끝에 제임스 코너*의 필드오퍼레이션 Field Operations 과 건축가 딜러스코피디오+렌프로** 팀의 안이 당선되었다.

* 제임스 코너 James Corner
1961년 미국에서 태어난 세계적인 조경전문가. 필드오퍼레이션 대표이자 펜실베이니아대학교 조경건축학과 교수를 역임하고 있다. 춘천 G5 워터프론트와 부산 하야리아시민공원 프로젝트에 참여했으며, 뉴욕의 하이라인, 프레시킬스파크 등을 설계했다.

** 딜러스코피디오+렌프로 diller scofidio+renfro
폴란드 태생의 건축가 엘리자베스 딜러와 뉴욕 출신의 리카르도 스코피디오가 1979년에 결성한 팀. 2004년부터 찰스 렌프로가 공동 파트너로 참여해 함께 작업하고 있다. 건축에 새로운 기술을 접목시키려는 시도를 많이 하고 있으며, 건축 영역을 벗어나 통합미디어의 특성을 보여 주는 작품 활동도 많이 하고 있다. 대표작으로는 2002년 스위스엑스포에서 선보인 블러빌딩, 뉴욕 하이라인 프로젝트, 보스턴의 현대예술교육센터 등이 있다.

총 계획기간 10년, 시공기간 3년, 세 차례에 걸친 단계별 준공이 이루어진 후에 도시의 흉물이었던 철로는 지상과 분리된 보행자 공간으로 탈바꿈했다. 녹지공간이 부족한 맨해튼에 새로운 개념의 철로공원이 등장하게 된 것이다. 허드슨강 마천루 근대 공장터를 바라보면서 어떠한 도로와 횡단보도도 만나지 않고 22개의 블록을 관통하는 근사한 지상공원이 탄생한 것이다.

도심 재생의 핵심,
콘텐츠와 지속가능성 그리고 디자인

하이라인은 단순한 공원이 아니다. 지난 200년 간 축적되어 온 도시 발전 과정을 담은 하나의 박물관이다. 면면히 들여다보면 공원에는 재생을 위한 건축가의 섬세한 배려가 숨겨져 있다. 부족한 예산을 고려하기도 했지만, 철도라는 역사성을 기초로 한 '장소성'을 가진 디자인을 선보였다는 것이 핵심이다. 교각은 보강공사로 외형을 유지했고, 고가도로에 일정 간격으로 놓인 철로, 침목, 철로 시설물들도 보존했다. 보도 면의 디테일을 자세히 보면, 단단한 포장재 사이에서 식물들이 자랄 수 있도록 만들어 자연과 인공의 조화라는 콘셉트를 살렸다. 중간 중간에 시민들이 편히 쉴 수 있는 벤치도 마련해 놓았다. 벤치에는 바퀴를 달아 좌우로 이동할 수 있도록 만들었는데, 벤치 밑에 있는 선로를 보며 이곳이 철로였다는 것을 느낄 수 있도록 한 것이다.

산책로도 있고, 공원에서 가장 인기 있는 곳 중 하나인 일광욕을 할 수 있는 선덱sun deck도 있으며, 계단 형식의 벤치와 넓은 잔디광장도 있다. 사람들은 이런 곳에서 휴식을 취하면서 뉴욕 전경을 즐길 수도 있고 맥주 한 잔 마시면서 라이브 음악도 즐길 수 있다. 센트럴파크 같은 야외공간에 가야 느낄 수 있었던 재미를 이곳에서도 충분히 맛볼 수 있도록 다양한 장치들을 마련한 것이다.

유지 관리 비용을 줄이기 위한 아이디어도 곳곳에서 빛난다. 공원에 식재한 210종의 식물 중 160종의 식물은 본래 하이라인에서 자생했던 것이다. 이 자생식물들을 새로운 포장 위에 그대로 식재해서 유지 관리 비용도 최소화시켰다. 원래 그 자리에 자연스럽게 자라던 야생식물을 그대로 그곳에 살게 한 것이다. 야생의 풀도 충분히 아름다울 수 있고, 그 장소 고유의 이미지를 만들어 주는 요소임을 강조한 것이다. 정원이라는 것이 사실 새 건물이 들어섰을 때만 괜찮아 보이고, 유지가 안 되어 금방 엉망이 되는 경우가 많은데 미리 이런 어려운 점을 염두에 두고 유지 관리 비용이 거의 들지 않게 원래 있던 식물을 그대로 둔 것은 참 영리한 선택이라는 생각이 든다.

이렇게 뉴욕의 새로운 공원 프로젝트는 성공을 거두었다. 사실 도심에 공원을 만드는 것은 그리 자주 있는 일도 아니고 쉬운 일도 아니다. 특히 처음에 잘못 만들어 놓으면 계속해서 사람들의 입방아에 오르내릴 뿐만 아니라 시민들도 결국 외면한다. 도심의 공원은 숫자보다 그 질이 더 중요하다. 하이라인의 성공으로 인해 하이라인 후광효과가 생기기 시작했다. 공원 하나로 인해 생길 수 있는 많은 효과가 있다. 하이라인에 사람들이 많이 몰리다 보니, 공원 주변으로 조형물과 예술작품이 즐비하게 들어서게 되었고, 프랭크 게리의 IAC빌딩, 시게루 반이 설계한 콘도 등 유명 건축가들의 건물 역시 공원 주변에 세워졌다. 이렇게 하이라인은 금세 풍성한 볼거리를 갖춘 핫플레이스로 떠올랐다.

하이라인은 이제 맨해튼의 명물인 센트럴파크만큼이나 사랑받는 장소가 되었다. 전통적 개념의 공원인 센트럴파크가 오랜 기간 뉴요커들의 지속적인 사랑을 받았다면, 하이라인은 이야깃거리가 있고 모던한 아름다움이 있는 지속가능한 생태공원이 얼마나 사람들의 환영을 받을 수 있는지를 새롭게 보여주었다. 하이라인은 친환경 도시 공공디자인의 좋은 사례가 되면서 계속 진화하고 있는 뉴욕의 상징적인 공간이 되었다.

철거나 재건축이 아닌 재생을 선택하여 시간과 비용을 상대적으로 절약하면서도 성공을 거둔 건축 사례라 할 수 있다. '무엇을 세울 것인가' 보다 '무엇을 채울 것인가'에 대해 깊이 고민했기 때문에 거둔 성과임에 틀림없다.

건축을 통해 지역 불균형의 문제를 해결하다
: 런던의 테이트모던갤러리

이번에는 런던 대변신의 아이콘이라 부를 만한 테이트모던갤러리 이야기를 해 보겠다. 이 갤러리는 지역이 대변신을 하고 성공적인 도시로 재탄생하는데 건축의 역할이 얼마나 중요한지를 잘 보여 주는 좋은 사례다. 영국 템스강 하류에 있는 테이트모던갤러리는 관광객들의 발길이 끊이지 않는 너무나 유명한 곳이다. 실제로 이 갤러리를 벤치마킹한 곳도 많다. 테이트모던갤러리는 건축을 통해 런던 부활의 신호탄을 쏘아 올렸다는 평가를 받는다. 테이트모던갤러리는 처음에 화력발전소를 개조한 미술관으로 유명세를 탔지만, 실제로 이 미술관의 위력은 다른 곳에 있다.

테이트모던갤러리는 지역 차이를 극복하는데 큰 영향을 미친 공간이다. 서울로 치면 강남과 강북의 지역 격차를 건축을 통해 극복했다고 말하는 것과 비슷하다. 템스강변에서 가장 낙후된 장소였던 이 화력발전소는 몇 십 년 간 도심의 흉물로 남아 있었고, 가장 가난한 서더크Southwark지역에 자리하고 있어 재개발 시도도 없었던 곳이었다.

화력발전소가 세계적인 갤러리로 대변신한 후, 런던의 지형은 완전히 바뀌었다. 템스강 북서쪽은 전통적으로 영국 부촌의 상징인 지역이다. 이 중심에는 런던의 상징인 세인트폴대성당이 자리하고 있다. 묘하게도 강 건너 동쪽에 이 화력발전소가 위치하고 있었다. 테이트모던갤러리는 바로 이 극명한 지역 격차를 극복할 수 있게 해 주었다.

테이트모던갤러리는 주변 지역까지 문화예술의 지역으로 변신시켰다. 주변에 있던 창고는 디자인·와인박물관으로, 왕립정신병원은 전쟁박물관 등으로 바뀌었다. 여기에 밀레니엄프로젝트의 일환으로 만든 밀레니엄브리지까지 생겨서 서쪽과 동쪽에 런던의 전통과 현대를 상징하는 랜드마크가 들어서게 되었다. 건축으로 인한 런던 대통합의 시작을 알린 것이다. 지역 불균형을 건축을 통해 해소한다는 것은 새로운 시도임에 틀림없다. 우리는 서울의 강남·강북 지역 불균형의 문제를 학군이나 부동산 문제 등으로 보고 있는데, 건축적 사고를 통해 지역 불균형을 해소시키며 건축의 힘을 보여 준 런던의 사례는 우리에게 많은 시사점을 던져 준다.

상상을 초월하는 변신
: 베이징 다산쯔 798예술구

중국의 베이징 동북부의 차오양구 다산쯔大山子 지역에 위치한 798예술구도 재생이라는 키워드로 건축을 이야기할 때 빼놓을 수 없는 곳이다. 원래 무기창고였던 이곳은 전형적인 바우하우스 양식으로 지어진 산업혁명의 산물답게 아주 모던하고 기계적인 느낌을 주는 건물이다. 1950년대 구舊 소련이 건설을 지원하고 동독이 설계를 맡아 군수산업기지로 지은 곳인데 지금은 정반대의 얼굴을 한 예술구가 되었다. 이곳은 원래 철거 예정지였다.

하지만 예술가들은 이러한 공간을 그냥 사라지게 놔두지 않았다. 하나둘씩 동유럽 산업혁명의 잔재가 살아 있는 이 지역으로 모여들기 시작했다. 당연히 처음 이곳에 예술가들이 모인 이유는 저렴한 부동산 가격 때문이었을 것이다. 2001년 모여든 예술가 중에 중국의 화가 황루이黃銳가 '재생 프로젝트 베이징 798예술구'라는 전시를 개최했다. 이 전시는 세계적인 주목을 받았고, 2002년부터 이 일대가 현대미술의 메카로 떠올랐다. 그러자 중국 정부도 철거하려던 계획을 취소하고 예술지역으로 보호·육성하기로 결정했다. 중국 정부의 판단은 신속하고 정확했다.

베이징 한가운데 위치한 이곳은 상징적인 '재생'의 현장으로 자리매김했다. 이곳은 베이징이 뉴욕, 런던과 어깨를 견줄 정도로 예술 중심의 도시가 되고 있다는 것을 객관적으로 증명한 곳이기도 하다. 베이징도 뉴욕의 미트패킹 디스트릭트*** 같은 곳이 생기면서 문화 불모지처럼 여겨졌던 베이징의 이미지가 싹 바뀌었다. 다산쯔를 걷고 있으면 동유럽이나 뉴욕의 소호를 걷고 있는 것 같은 착각을 일으킬 정도로 예술적인 운치가 물씬 풍긴다.

현재 이곳에는 약 10만제곱미터 규모의 땅에 100여 개의 세계 각지에서 모여든 작가들의 작업실과 갤러리, 아트숍, 50여 개 카페와 레스토랑, 소규모 공연장들이 들어서 있다. 예전 같지 않다는 소리도 들리긴 하지만 다산쯔는 여전히 문전성시를 이루고 있으며, 중국의 미술 신scene을 리드하고 있다.

지금 이곳은 수많은 예술가들이 몰려들어 땅값이 많이 올라 지나치게 상업적으로 변질되고 있는 것은 아니냐는 질타를 받기도 한다. 하지만 다산쯔 798예술구가 중국 최고의 예술촌이라는 평가는 아직도 유효하다. 무기창고의 대변신은 시사하는 바가 크다. 다산쯔 798예술구를 계기로 중국정부가 도시 재생이라는 화두를 본격적으로 고민하기 시작했다고 해도 과언이 아니기 때문이다.

*** 미트패킹 디스트릭트 Meatpacking District
과거 도축장과 육가공 공장들이 모여 있었던 곳을 리모델링해서 만든 뉴욕의 새로운 명소로 뉴욕 맨해튼 서쪽 아래에 위치해 있다. 미슐랭 스타 셰프가 있는 레스토랑, 유명 디자이너들의 부티크, 휘트니미술관 같은 문화시설들이 모여 있어 관광객들에게도 큰 인기를 얻고 있는 곳이다.

옛 정수장 터가 생태공원으로
: 서울 선유도공원

　우리나라에서 재생 건축의 가장 대표적 사례로 손꼽히는 곳이 바로 선유도공원이다. 이 공원은 한강의 섬인 선유도에 있었던 옛 정수장을 활용해 국내 최초로 만든 생태공원이다. 이곳은 건축가 조성룡과 랜드스케이프 디자이너 정연선의 합작품으로, 기존 정수 설비를 그대로 살리면서 공간에 변화를 주고 자연 그대로의 모습을 보여 주려는 시도가 돋보인다. '주변 환경과 소통하고 생태로 회귀한다'는 개념은 당연하게 들리지만 현실적으로 이 개념이 적용된 공간을 찾는 것은 쉽지 않기 때문에 선유도공원은 더욱 우리에게 감동을 준다.

　〈조선일보〉에서 우리나라 건축가와 관련 전공 교수 30명을 대상으로 서울 최고의 건축물을 조사한 적이 있었다. 그 결과 여러 유명 건축물들을 제치고 선유도공원이 최고의 건축물로 뽑혔다. 선유도공원은 그렇게 내세울만한 건축물도 없고, 옛 정수장 자리를 잘 살려 생태공원으로 만든 것 밖에 없는데 어떻게 해서 최고의 건축물로 뽑혔을까? 중요한 것은 '아무것도 하지 않고' 생태공원으로 만들었다는 것 그 자체다. 즉, 파괴하지 않고 있는 것을 그대로 살려서 친환경적인 공원으로 만들었다는 콘셉트 자체가 높이 평가 받은 것이다. 웅장한 규모와 수려한 디자인도 좋지만 역사의 켜를 살리고 보존하면서 새로운 공간에 의미를 불어넣으려 한 시도가 좋은 점수를 받았다고 할 수 있다.

　건축이 꼭 모든 것을 부수고 다시 짓는 일만 반기는 것은 결코 아니라는 것을 보여 주는 사례다. 원래 새로운 건축은 무언가를 부수고 다시 지어야 한다는 생각을 많이 하기 마련이다. 그래야 건축 산업이 활발하게 돌아갈 수 있기 때문이다. 하지만 건축 전문가들은 최고의 건축물로 부수고 다시 짓지 않은 선유도공원을 1위로 꼽았다. 아이러니하게 들리지만 선유도공원은 건축이라는 것이 꼭 새로 지어야 되는 것은 아니라는 것을 보여 주고 있다.

우리는 그 동안 '무엇을 세울 것인가'에만 너무 관심을 갖고 살아왔다. 기존의 건축을 멋있게 재생하여, 새롭게 콘텐츠를 입히고 그것을 활성화시키는 것이 더욱 의미 있고 가치 있는 창조가 될 수 있다는 사실을 앞서 소개한 건축물들을 통해 확인할 수 있었다. 막대한 비용을 투자하여 새롭게 짓는 것보다, 기존의 건축을 멋있게 재생하여, 새롭게 이야깃거리를 만들어 주고 알린다면 우리 도시의 풍경은 역사성을 그대로 간직한 채 유럽의 도시들처럼 멋있게 진화할 수 있지 않을까? 그리고 보다 값진 건축을 소유할 수 있게 되지 않을까? 때로는 무에서 유를 만들어 내는 것만이 능사가 아닐 수도 있다. '평범'을 가공해 '탁월'로 승화시킬 때 그 가치는 배가 될 수 있다.

위 : 시민들의 좋은 휴식공간이 된 지상공원 하이라인. ⓒ 유수경
아래 : 철도 운행이 중단된 후 방치된 고가 철로가 시민운동단체에 의해 공원으로 변신했다. ⓒ Felix Lipov

위 : 무기창고로 사용하던 곳을 개조한 베이징의 다산쯔 798예술구.
아래 : 옛 정수장 시설을 활용해 만든 국내 최초의 생태공원 선유도공원.

테이트모던갤러리에서 바라본 세인트폴대성당. ⓒ 최소현

현재, 과거, 미래를
끌어안은 건축

런던 브릭레인
요코하마 아카렌가창고

쇠락해 가는 공장 밀집지역에서 런던 제일의 '핫플레이스'로
: 런던 브릭레인

최근 과거의 산업시설이 재활용되어 새로운 용도의 공간으로 재탄생해 화제를 불러 모으는 경우를 종종 보게 된다. 이번 글에서는 재활용 recycling 수준을 넘어 디자인 등을 가미해 새로운 가치를 창출하는 업사이클링 upcycling을 건축에 적용하는 사례를 살펴보고자 한다.

이 글에서 소개하는 건축은 모두 벽돌을 소재로 했다는 공통점을 가지고 있다. 벽돌은 동서양을 막론하고 오랫동안 건축의 마감재로 자주 사용되어 온 근대건축의 산물이다. 벽돌 건축의 특징은 세월의 흔적을 많이 느낄 수 있다는 점이다. 네모반듯했던 벽돌은 시간이 흐르면서 마모되거나 부서지기도 하고, 손때도 많이 탄다. 이 벽돌의 특성을 잘 살리고 새롭게 바라볼 수 있다면 지금까지 몰랐던 숨은 가치를 끌어낼 수 있다.

과거 유럽의 건축에서 벽돌은 중요한 건축 요소 중 하나였다. 그 대표적인 사례가 런던 북동쪽에 위치한 브릭레인Brick Lane이다. 구도심인 서쪽은 부촌이라 할 수 있고, 브릭레인 등이 위치한 동쪽은 산업단지가 몰려 있어 상대적으로 쇠락한 곳이었다.

하지만 지금은 예술과 문화를 사랑하는 이들이 자주 찾는 거리가 되었다. 브릭레인은 전반적으로 벽돌로 된 집들이 길게 늘어서 있어 빈티지하며 앤티크한 느낌을 많이 주는 곳이다. 브릭레인이 유명한 이유는 길 중간 중간 볼 수 있는 미술작품이 많기 때문이다. 영국 현대미술의 거장 데미언 허스트*, 표현주의 작가 트레이시 에민**, 그래피티로 유명한 뱅크시*** 등 내로라하는 유명 작가들이 바로 이곳 출신이다.

브릭레인이 처음부터 최고의 예술촌은 아니었다. 원래 이곳은 벽돌과 타일을 만드는 공장들이 밀집한 지역이었다. 1666년에 세워진 런던 최대의 맥주 양조장 트루먼브루어리가 있었던 브릭레인은 1950년대에는 불법 이주민들이 모여드는 범죄율 높은 슬럼가로 유명했다. 변화는 트루먼브루어리가 1988년 문을 닫으면서부터 시작되었다. 1990년대부터 폐허로 방치된 영국의 전통적인 빅토리안 건축양식으로 지어진 이 양조장 건물에 비교적 세가 싸다는 이유로 슬슬 예술가들이 모여들기 시작했다. 벽돌집 특유의 빈티지한 분위기에 예술이 결합하기 시작하자 브릭레인은 사람들의 이목을 끄는 매력적인 장소로 변신했다.

공간이 바뀌면 지역 문화도 바뀔 수 있다. 당연히 사람들은 그 안의 콘텐츠에 이끌려 모여들기 시작한다. 예술을 만끽하기 위해서 모여든 사람들은 이곳에서 또 하나의 즐거운 재미를 얻을 수 있는데, 바로 각종 마켓 때문이다. 브릭레인에서는 예술가들의 작품들을 볼 수 있는 빈티지 마켓이 열린다.

* 데미언 허스트 Damien Hirst

1965년 출생한 영국의 현대미술가. 비범한 상상력으로 피카소 이후에 최고 작가라는 평가를 받고 있는 작가다. 포름알데히드에 담근 토막 난 동물의 몸, 살아 있는 나비나 컬러풀한 알약, 두개골 모양의 백금 등 평범하지 않은 재료를 사용해 작품을 발표할 때마다 전 세계의 이목이 집중되곤 한다. 그는 단일 작가로 역대 최고 경매 수익을 올린 '비싼' 작가로도 유명하다.

** 트레이시 에민 Tracey Emin

1964년 영국 출신의 화가. 런던왕립미술아카데미에서 공부했으며 회화, 드로잉, 사진, 설치작품, 비디오 등 다양한 매체로 작품을 선보이고 있다. 어린 시절에 겪었던 개인적인 아픈 상처를 드러내는 작품으로 많은 주목을 받았다. 터너상 후보에 오른 1998년 작 '나의 침대'는 그의 출세작 중 하나다.

*** 뱅크시 Banksy

1974년 영국 출생이라는 정도밖에 정보가 공개되지 않은 그래피티 화가. '얼굴 없는 아티스트', '예술 테러리스트'라는 별명으로도 유명하다. 스트리트 아트의 대표 주자 뱅크시는 캔버스가 아닌 길거리 벽 등에 그림을 그리며, 권위에 도전하는 풍자와 해학이 넘치는 재미있는 그림을 그린다. 몰래 벽에 그림을 그리거나 박물관에 자기 그림을 붙여놓는 등 엉뚱한 행동을 해서 늘 화제가 되곤 한다.

예술가들의 퍼포먼스를 볼 수 있는 것은 물론이고, 유명 빈티지숍들이 포진해 있어 볼거리가 풍성하다. 매력적인 캐주얼한 분위기에 매료된 젊은 이들과 여행객들이 점차 이곳으로 몰려들자 2000년부터 여러 마켓들이 연이어 생기기 시작했다. 브릭레인마켓은 선데이업마켓, 빈티지마켓, 백야드마켓, 티룸, 그리고 보일러하우스푸드홀 등 아주 다양한 숍들로 구성되어 있다.

브릭레인은 젊은이들의 예술·창작활동이 가장 활발하게 이루어지는 곳이 되면서 런던에서 젠트리피케이션gentrification, 낙후된 구도심 지역이 활성화되어 경제적으로 여유 있는 계층이 유입되면서 기존의 저소득층 원주민을 그 지역에서 몰아내는 현상이 가장 빠르게 진행되고 있는 지역이 되었다. 요즘은 오히려 지나친 상업화와 자본 유입을 바라보며 걱정을 하는 사람들이 늘어날 정도다. 빈민 밀집 지역이었고, 값싼 벽돌공장과 양조장이 있었던 곳이 최고 고급주택가로 변신하기까지 걸린 시간은 놀랍게도 20년도 안 된다.

현대적인 감성으로 무장하고 다시 태어난 오래된 벽돌 창고
: 요코하마 아카렌가창고

또 한 군데 찾아가 볼 곳은 요코하마 아카렌가창고赤レンガ倉庫, Yokohama Red Brick Warehouse, 이하 아카렌가다. 말 그대로 '붉은 벽돌 창고'라는 뜻이다. 일본에 있는 건축 중 가장 서구적인 느낌의 상업시설이라는 평가를 받는 곳이다. 요코하마의 미나토미라이지구에 위치한 아카렌가는 2개의 건물 동으로 구성되어 있다.

1호관과 2호관은 1910년대 초반에 준공되었으며 1989년까지 일본 정부의 세관창고로 사용되었다고 한다. 세관창고의 위치는 당연히 부두와 가장 가까운 바닷가에 위치해 있었고, 요코하마 수변 지역에서 가장 중요한 위치를 차지하고 있었다.

세관 창고의 기능을 잃어버린 아카렌가는 사용되지 않은 채 방치되어 있었는데, 1992년에 '요코하마 미나토미라이21 정비'를 골자로 한 워터프론트 재개발 계획이 추진되면서 지금과 같은 모습으로 재탄생하게 되었다. 요코하마 시는 적극적이었다. 일본의 지자체 가운데서도 요코하마 시의 도시디자인 정책은 진보적인 것으로 유명한데, 바로 요코하마 시가 아카렌가를 일본 정부로부터 인수하면서 획기적인 변화가 일어나기 시작했다. 요코하마 시는 건축가 치아키 아라이Chiaki Arai Urban Architecture and Design와 손잡고 창고의 새로운 얼굴을 계획하게 된다.

광장, 전시시설, 점포 등을 갖춘 새로운 상업복합문화공간은 2002년 한일월드컵이 열린 해에 일반에게 공개되었다. 아카렌가는 오픈한 지 10여 년이 지난 지금에도 문전성시를 이루고 있다. 현재 아카렌가에는 1년에 600만 명이 넘는 방문객이 찾아온다. 요코하마를 대표하는 관광지가 된 아카렌가에는 개성 있는 숍뿐만 아니라 다양한 볼거리가 있으며, 유명 음식점도 많이 입점해 있어, 하루 종일 어딘가 가지 않아도 먹고, 마시고, 쇼핑하고, 구경할 수 있다. 그리고 1호관과 2호관 사이의 광장에서는 다채로운 이벤트가 열리고 있어, 이곳에 오면 구름처럼 사람들이 모여 있는 광경을 자주 목격하게 된다.

아카렌가는 얼핏 보면 그냥 오래된 창고에 새롭게 칠을 하고 환경 개선을 한 것쯤으로 보인다. 왜냐하면 세관 창고였던 외관의 모습을 깨끗하게 보존하고 유지했기 때문이다. 하지만 결코 오래된 창고 시설을 그대로 이용한 것은 아니다. 자세히 살펴보면 곳곳에 새로운 건축적 시도를 했음을 알 수 있다. 사실 이곳은 원래가 층고가 아주 낮은 건물이었다. 그래서 판매시설로 이용하기에는 사실 큰 단점이 있었다. 하지만 이런 핸디캡을 극복하기 위해 중간중간 개방감이 있는 홀을 만들었고, 특히 계단실의 디자인에 변화를 주어 답답함을 없앴다.

또 화장실, 출입문 등도 분위기에 맞게 새롭게 디자인했다. 도심에 있는 백화점이나 쇼핑몰에서는 보기 어려운 캐릭터를 만든 것이다. 하지만 이와 동시에 예전 구조를 그대로 느끼며 건물의 역사를 알 수 있도록 유리로 된 바닥과 계단실을 만들었다. 1호관 1층에는 관동대지진으로 묻혔던 유적 등을 발굴하여 전시하고 있으며, 2층은 전시 스페이스, 3층은 다목적홀이 위치하고 있다. 내가 아카렌가를 방문했을 때는 아프리카 음악을 주제로 공연이 열리고 있어 아프리카 현지에 온 것 같은 분위기에 취할 수 있었다.

젊은 사람들이 많이 모여드는 상업전용시설인 2호관에는 도쿄에서 유명한 테넌트들tenant, 건물의 일부를 빌리는 사람이 대거 입점해 있다. 가게마다 최소 몇십 미터씩 줄을 선 광경을 목격하게 되는데, 이유는 바로 그 식당의 힘 때문이다. 도쿄의 유명한 가게를 요코하마에서도 만날 수 있다는 기대에 많은 사람들이 몰린 것이다. 고가의 비싼 레스토랑이 아닌, 도쿄 골목 골목에 자리한 유명한 맛집이나 소품 숍들이 여기에 입점되어 있다는 것도 아카렌가의 매력 중 하나다.

2호관의 특징인 테라스는 외부에서 보면 아주 근사하다. 유럽의 노천카페 같은 분위기를 연출하고 있는데, 기존 벽돌창고와 이질감이 들지 않도록 지붕, 바닥, 핸드레일까지 세심하게 잘 디자인되어 있어 인상적이다. 아카렌가는 유독 이 테라스가 있는 식음시설이 인기가 좋다. 주말에 가면 자리가 당연히 없고 꽤 오랜 시간 줄을 서야 테라스에 앉을 수 있을 정도다. 내부의 답답함을 없애고, 1층부터 3층까지 테라스 외부공간을 적절히 잘 활용해 분위기를 잘 연출했다. 아카렌가의 백미는 역시 야경이다. 기존 벽돌 건축의 이미지를 그대로 살리면서 조명디자인으로만 외관에 포인트를 준 것이다. 요코하마 페리 터미널 바로 옆에 있는 아카렌가에 설치된 조명은 요코하마 수변 마천루의 야경과 함께 환상적인 요코하마 밤풍경을 만드는데 일조하고 있다.

이렇게 화려하게 되살아난 두 개의 낡은 벽돌 건물을 살펴보았다. 사람들은 왜 이런 낡은 벽돌 건물에 열광하는 것일까? 아마도 시간의 흔적을 느낄 수 있기 때문일 것이다. 벽돌 건물 안에만 들어오면 묘하게 시간 여행을 떠나는 기분이 들어 기분이 좋아지는 것을 느낄 수 있다. 결국 명품이 되기 위한 여러 요소 중에 '시간성'은 굉장히 중요한 요소다.

오랫동안 사랑을 받는 건축을 살펴보면 모두 이 역사성을 갖추고 있다는 것을 알 수 있다. 이러한 오래된 벽돌건축에 관심을 갖는 배경 중에 하나는 벽돌 건축 안에 있는 내용물 때문이다. 그 안에 사람들이 즐길 수 있는 예술과 문화, 상업적 요소가 적절하게 섞여 있기 때문에 사랑받는 것이다. 결국 벽돌건축에 대한 사람들의 관심은 역사성을 지닌 건물과 현대적인 감성으로 변신한 내부, 그리고 그 안에 녹아 있는 흥미로운 콘텐츠가 결합되어 만들어진 것이라 할 수 있다.

꼭 막대한 공사비를 들여 현대적인 소재로 마감한 건축만이 명품 건축이 되는 것은 아니다. 새로 깎아 날이 서 있는 대리석으로 뒤덮인 건축보다 낡고 닳은 옛날 건축들이 훨씬 더 인간미가 느껴지고 스토리와 철학이 있어 친근하게 다가갈 수 있는 경우가 많다. 브릭레인이나 아카렌가처럼 새롭게 주목 받는 업사이클링 건축이야말로 진정한 현대의 명품 건축이라 할 만하다. 시간이 켜켜이 쌓여 있는 건축물로 사람들이 모여드는 것은 어쩌면 당연한 결과다.

브릭레인이 있는 자리는 과거 런던 최대의 맥주 양조장 트루먼브루어리가 있었던 곳이다. ©서울시공공개발센터

위 : 산업단지가 몰려 있어서 상대적으로 쇠락한 곳이었던 런던 북동쪽의 브릭레인.
지금은 예술과 문화를 사랑하는 이들이 찾는 거리가 되었다. ⓒ 이미경
아래 : 브릭레인 거리에 가면 개성 있는 그래피티를 많이 볼 수 있다.
그래피티 작가로 유명한 뱅크시도 이곳 출신이다. ⓒ 최소현

기존 오래된 벽돌 창고 외관을 그대로 살리면서 조명디자인으로 포인트를 준 아카렌가.

버려진 섬의
화려하고 가치 있는
변신

나오시마

산업쓰레기의 섬에서 예술의 섬으로

이번에 할 이야기는 일본의 섬 나오시마直島에 관한 것이다. 일본 시코쿠 가가와현 세토나이카이에 위치한 나오시마는 주민이 약 3000명 정도 살고 있는 작은 섬이다. 1980년대까지만 해도 이 섬은 구리제련소가 있어 산업폐기물와 오염물질로 파괴되어 버려진 섬에 가까웠다. 하지만 이 섬은 이제 매해 수십만 명의 관람객들이 방문하는 아주 유명한 관광지가 되었다.

이 섬에 가려면 '산을 넘고 물을 건너야' 한다. 영국의 여행 잡지 〈콘데나스트트래블러Conde Nast Traveller〉는 우리나라 서해나 남해의 작은 섬과 비슷한 규모의 이곳을 '죽기 전에 꼭 봐야 할 세계 7대 명소'로 소개했다. 도대체 버려진 섬 나오시마는 왜 이렇게 유명해진 것일까?

섬 재생 프로젝트로 새롭게 다시 태어난 나오시마는 사실 일본보다 세계에 먼저 알려졌다. 이미 우리나라에도 많이 알려져 많은 사람들이 관광이나 벤치마킹을 하기 위해 나오시마를 방문했다.

나오시마의 변신의 중심에는 바로 베네세그룹의 후쿠다케 소이치로福武總一 회장이 있었다. 후쿠다케회장은 선친의 유언대로 나오시마에 지속적으로 관심을 가지면서 결국 건축가 안도 타다오와 의기투합하여 나오시마 안에 건물을 짓고 예술과 자연이 어우러진 새로운 공간을 탄생시켰다.

나오시마는 우리가 아름다운 자연을 훼손했다는 반성과 성찰을 하게 만들고, 인간들에게 위로를 주는 곳으로 거듭났다. 결과는 대성공이었다. 결과만 보면 누구나 할 수 있는 일처럼 보이지만, 사실 나오시마의 성공은 그 누구도 예측하지 못했다.

유명 건축가가 건물을 짓고 그곳에 유명 작가의 작품을 전시했다고 해서 성공한 것이라고 단순히 치부해 버리기에는 나오시마의 성공에는 특별한 무엇이 있다.

먼저 나오시마의 개발 과정을 간단히 살펴보자. 후쿠다케 소이치로 회장은 선친의 유언에 따라 1989년 나오시마에 어린이 캠핑장을 오픈했고, 1992년에 베네세뮤지엄을 열었다. 처음에는 바닷가가 내다보이는 곳에 지은 신기하고 이색적인 뮤지엄이라는 소문이 나서 오피니언 리더들 사이에 한번쯤 가볼만한 곳으로 입에 오르내리기 시작했다.

베네세그룹은 이후 1997년에 200년이나 된 오래된 민가를 개축하는 '이에프로젝트'를 시작했는데, 이 사업으로 인해 일반인들에게도 소문이 나기 시작했다. 결정적으로 나오시마를 유명하게 만들어 준 곳은 2004년에 생긴 지추미술관이다. 이 미술관이 개관하면서 나오시마는 본격적으로 유명세를 타기 시작했고, 폭발적으로 방문객이 늘었다.

이런 일련의 과정이 진행되는 동안 나오시마는 점점 더 유명해졌고, 부족한 숙박시설이 지어졌으며, 섬 안에서 다양한 문화예술 활동이 펼쳐졌다. 그리고 버려졌던 섬이 재생하면서 그 옆에 있는 섬까지도 영향을 미치게 되었다. 이후 테지마미술관, 이누지마 이에프로젝트, 이누지마 세이렌쇼미술관 등이 오픈했으며, 2010년에는 지추미술관 가까이에 이우환미술관이 세워졌다. 그리고 이곳에서는 3년에 한 번 세토우지국제예술제라는 아트축제가 열린다. 나오시마의 변화는 아직도 진행 중이다.

예술적 분위기에 취해 힐링할 수 있는 곳
: 베네세하우스뮤지엄 · 오벌호텔 · 파크비치호텔

나오시마에서 가장 먼저 주목해 보아야 할 건물은 1992년에 완성된 베네세하우스뮤지엄Benesse House Museum이다. 나오시마에 처음 선보인 제대로 된 건축물이다. 이 건물은 후쿠다케 소이치로 회장과 안도 타다오가 오랜 시간 공을 들여 만든 미술관 겸 호텔로, 미술관 내부에 레스토랑이 있고, 자연과 예술에 둘러싸여 휴식을 한다는 보기 드문 콘셉트의 공간이다. 평소 현대미술에 관심이 많았던 후쿠다케 회장은 직접 컬렉션에 참여해 아름다운 섬과 건축에 어울리는 작품을 선정했다고 한다.

특히 이 미술관 안에 있는 프렌치 레스토랑은 예약하기도 힘들 정도로 인기가 높다. 외딴 섬에 자리한 고급 프렌치레스토랑과 현대미술의 조합. 사실 처음부터 이런 발상을 했다는 것 자체가 놀랍다.

베네세하우스뮤지엄 다음에 만든 건축은 오벌Oval 호텔이다. 이 역시 안도 타다오의 작품으로, 산 정상에 자리한 오벌호텔은 잔잔한 연못이 있는 중정이 인상적인, 몇 개 안되는 객실을 소유한 소형 호텔이다. 물이 있고, 위를 올려다보면 하늘을 조망할 수 있는 이곳은 마치 다른 세계에 온 듯한 착각을 불러일으키는 신비로운 공간이다.

객실도 몇 개 없고 호텔에 가려면 모노레일을 타고 올라가야 해서 접근성이 좋다고는 할 수 없지만 말 그대로 '힐링'을 위한 공간으로 이보다 더 좋을 수는 없다.

나오시마에서 가장 높은 위치에 자리한 건축답게 건물 옥상은 나오시마 섬 전체를 조망하는 전망대 역할도 하고 있어 나오시마에 있는 건물 중 상징성이 높은 건물 중에 하나다. 이때까지만 해도 나오시마는 소수의 방문객이 와서 예술을 즐기고 숙박을 하는 부티크형 예술 리조트의 성격이 강했다.

나오시마를 방문하는 사람들이 점점 늘어나자 섬에는 좀 더 대중적인 숙박시설이 들어서게 된다. 안도 타다오는 단순하면서 과감한 일자형 매스로 된 호텔을 선보였는데, 넓은 테라스가 조성되어 있어 해변을 조망할 수 있다는 것이 장점이다. 테라스에서는 공원에 배치된 여러 예술작품을 관람할 수 있어서 더욱 좋다. '파크'와 '비치'라는 이름의 숙박 전용 동까지 갖춘 나오시마는 명실상부한 미술관과 호텔을 일체화한 종합 단지로 완성되었다.

아름다운 미술관을 품은 나오시마
: 지추미술관·이우환미술관·이에프로젝트·테지마미술관

　　나오시마 프로젝트 중에서 가장 인기 있는 대표 시설을 꼽으라면 역시 지추地中미술관이다. 지추미술관으로 인해 나오시마 방문 관광객이 기하급수적으로 늘어났다고 해도 과언이 아니다. 이 미술관은 외관상으로는 꼭 지하에 묻혀 있는 벙커 같은 군 시설로 보인다. 즉, 외관이 없는 건축으로 형태가 외부에 노출되어 있지 않은 건축이다. 안다 타다오의 역작으로 손꼽히는 지추미술관은 나오시마의 경관을 해칠 수 없다는 건축가의 생각으로부터 탄생한 곳으로 지추미술관이 들어섰음에도 불구하고 나오시마의 경관은 바뀐 게 없다.

　　전시공간은 안도의 건축만큼이나 화제를 불러 모았다. 클로드 모네Claude Monet, 월터 드 마리아*, 제임스 터렐** 등의 작품이 전시가 되었다. '최고의 예술 작품이 땅속에 묻힌 명상미술관'이라는 콘셉트로 만들어진 지추미술관은 미술과 건축을 사랑하는 사람이라면 누구나 한번쯤 보고 싶은 곳으로 손꼽힌다.

* 월터 드 마리아 Walter De Maria

1935년에 태어나 2013년에 사망한 미국의 예술가. 미니멀리즘, 개념미술, 대지미술은 그의 작품 세계를 이해하기 위한 주요 키워드다. 그는 좁은 작업실과 캔버스를 벗어나 광대한 자연 위에 작품을 설치하는 '대지미술'로 유명한 사람이다. 7미터 높이 스테인리스스틸 봉 400개를 뉴멕시코의 사막 위에 설치해 만든 '번개 치는 들판'이 대표작이다.

** 제임스 터렐 James Turrell

1943년에 출생한 미국의 설치미술가. '빛'과 공간을 탐구하는 작가로 유명하다. 애리조나사막 한가운데 있는 사화산에 여러 개 터널을 파서 만든 로던 분화구 프로젝트가 유명하다. "관람자가 빛을 물질적 존재로 경험할 수 있게 하는 것"이 제작 의도였다고 한다. 안도 타다오가 설계한 원주의 뮤지엄 산에 가면 빛을 탐구하는 그의 환상적이고 몽환적인 작품을 관람할 수 있다.

안도 타다오 특유의 '회유하는 동선'으로 구성된 이 미술관은 진입 공간에서부터 점점 빨려 들어가는 것 같은 신비로운 공간감을 느낄 수 있는 곳으로, 주말이면 몇 시간씩 기다려야 입장할 수 있을 정도로 인파가 몰린다.

지추미술관은 안도의 건축적인 역량이 전부 발휘되었다고 해도 과언이 아니다. 기하학적인 구성의 건물 덩어리가 산 속 여기저기에 박혀 있고, 그 안을 숨바꼭질 하듯 미로를 걷도록 연출된 공간 하나 하나를 경험하는 재미가 쏠쏠한 미술관이다. 이 지추미술관의 흥행은 한국의 미술관 짓기에도 결정적인 영향을 끼쳤다.

제주 섭지코지에 위치한 피닉스아일랜드에 있는 명상미술관 '지니어스로사이', 강원도 한솔오크밸리리조트 안에 있는 뮤지엄 산도 안도 타다오가 설계를 맡았다. 안도 타다오가 지추미술관의 경험을 고스란히 옮겨 반영한 듯한 공간 구성을 엿볼 수 있다.

지추미술관에 이어 탄생한 또 하나의 명작이 바로 이우환미술관이다. 일본에서 활동하는 한국의 세계적인 아티스트 이우환***의 이름을 내건 미술관으로 2010년 6월에 개관했다. 후쿠타케 회장은 2007년 베니스비엔날레에서 이우환의 전시를 처음 보았는데, 이것을 계기로 골짜기 지형을 이용한 곳에 이우환미술관을 설립해야겠다는 계획을 세웠다고 한다.

*** 이우환 李禹煥

1936년 경남 함안에서 태어난 한국의 대표적인 추상화가. 서울대학교 미술대학을 중퇴하고 일본으로 건너가 니혼대학교에서 철학을 공부했다. 제2차 세계대전 후 일본의 획기적인 미술운동인 모노파(物派)의 이론을 전파하고 그 사상을 실천에 옮기는 활동을 한 작가다. 모노파란 소재 그대로의 상태를 직접 제시하면서 물체의 근본적인 존재성과 존재 간 관계에 주목하는 미술 경향이다.

역시 이 작품도 안도 타다오가 설계했는데, 극단적으로 절제된 느낌의 이 미술관은 미니멀한 이우환의 작품과 아주 잘 어울린다. 입구에 들어서면서부터 안도 타다오 특유의 긴 동선을 따라 걸으며 이우환의 작품을 보게 된다.

이 미술관의 특이한 점은 설계 당시부터 작품이 놓일 곳의 위치와 건축 공간을 이우환과 대화를 하면서 구성했다는 것이다. 이우환 역시 아예 섬에 거주하면서 전시될 작품을 만들었을 정도로 이 공간에 대한 애정과 열정이 깊었다고 한다. 지추미술관과는 또 다른 특징을 보여 주는 이 미술관은 안도 타다오 후기 건축으로 분류되면서 새로운 반향을 일으켰다.

건축가 안도 타다오만 섬의 변신을 이끈 것은 아니다. 나오시마의 대변신 뒤에는 마을 주민들의 힘도 있었다. 지추미술관 반대편에는 혼무라 지구本村地区라는 오래된 마을이 있다.

이곳은 '이에프로젝트'로 불리는 아트하우스 프로젝트를 통해 특별한 것 없는 어촌마을에서 예술 마을로 탈바꿈한 곳이다. 일종의 '시골 빈집 프로젝트'인 이에프로젝트는 300년 정도 된 마치나미町並み, 집과 상점들이 늘어선 마을에 현대미술을 접목시키는 프로젝트로 인구감소와 고령화로 활력을 잃어 가던 섬 전체에 생기를 불어넣어 주었다.

100년 이상 된 오래된 빈집과 염전창고에도 현대미술의 숨결이 녹아들어 있고, 작품에는 예술가의 손길뿐만 아니라 마을주민들이 직접 참여한 흔적도 묻어 있다. 찾는 이 거의 없었던 오래된 마을은 이제 외지에서 온 관광객으로 북적인다. 각각의 집이 모두 미술관인 만큼 어느 집 하나 그냥 지나칠 수 없을 정도로 마을 전체가 '아트' 그 자체가 되었다. 그리고 특별한 직업이 없었던 마을 노인들은 주말이면 안내자가 되어, 외부에서 온 손님들을 아주 친절하게 환대하고 있다.

베네세그룹은 나오시마의 성공으로 이번에는 섬 재생 프로젝트의 무대를 바로 옆에 있는 섬 테지마豊島로 옮겼다. 건축가 니시자와 류에와 아티스트 나이토 레이의 공동작업으로 완성된 테지마미술관이 그 결과 중 하나다. 40미터×60미터 넓이에 높이가 4.5미터 규모인 이 건물은 기둥이 하나도 없는 얇은 피막 같은 구조로 되어 있다.

언덕에 나지막하게 자리한 이 건축물은 겉모습만으로도 신비감을 느낄 수 있다. SANAA의 파트너 건축가인 니시지마 류에는 공동 창업자 세지마 카즈요라는 여성 건축가의 그늘에 가려져 있었는데, 이 작품으로 본격적으로 그의 이름을 세간에 알리게 되었다.

테지마미술관은 굴곡이 심한 테지마섬의 아름다운 지형 위에 세워졌는데, 건축가는 주변 자연이 보여 주는 곡선을 닮은 건물을 세우고자 물방울 모양을 떠올렸다고 한다. 천장의 큰 개구부로부터 빛과 바람이 들어오는, 자연과 하나 된 미술관이 테지마미술관의 주요 특징이라 할 수 있다. 유리를 사용하지 않은 개구부에는 환경과 건축, 예술의 조화를 꿈꾼 건축가의 의도가 담겨 있다. 이 미술관은 실제로 들어가 보면 외부에 노출되어 있고, 비바람이 전부 들어올 수 있는 명상미술관이다.

실제로 들어가 보지 않으면 뭐라 표현하기 어려울 정도로 묘한 매력이 있다. 들어가는 순간 숨이 막히는 듯한 기분을 느낄 수 있으며, 자연스럽게 명상을 할 수밖에 없는 분위기를 자아낸다. 게다가 작가 나이토 레이가 물을 이용해 만든 물방울 작품의 매력에 빠져 시간 가는 줄 모르고 앉아서 명상에 잠길 수 있다. 자연 속에 파묻혀 지붕의 원형 구멍 사이로 보이는 하늘을 바라보며 명상도 하고, 물방울 설치작품까지 감상하고 있으면 저절로 치유가 이루어진다는 것을 느낄 수 있다.

그리고 바로 옆의 섬 이누지마犬島에서도 섬 재생 프로젝트가 이루어졌다. 총 인구가 50명밖에 안 되는 작은 섬 이누지마에는 그나마 있던 초등학교까지 없어져 이제 젊은 사람들은 없고 노인들만 있다. 이 섬도 건축과 아트의 손길이 가해지자 변하기 시작했다.

이누지마의 이에프로젝트에는 SANAA의 대표 건축가이자 일본을 대표하는 여성 건축가인 세지마 카즈요가 참여했다. 나오시마의 이에프로젝트는 거의 집의 외부를 건드리지 않았지만, 이누지마의 이에프로젝트에서는 적극적으로 리노베이션이나 신축을 통해 빈집을 바꾸면서 디자인과 아트 작업을 접목시켰다. 이누지마 이에프로젝트 역시 동네 구석구석을 다니면서 미술관과 설치물들을 발견하는 재미가 있어 점점 더 사람들에게 알려지며 인기를 얻고 있다.

이누지마에는 1900년 초 10년만 가동되고 폐허가 된 구리제련소가 있었는데 베네세그룹은 이 건물을 매입해 미술관으로 탈바꿈시켰다. 이 작업에는 건축가 산부이치 히로시三分一博志와 이 지역 출신의 아티스트 야나기 유키노리柳幸典가 참여했다. 외부에서 보면 구리제련소의 형태를 그대로 갖고 있지만, 안으로 들어가면 들어갈수록 새로운 공간이 연출되어 반전의 묘미가 있는 곳이다. 뛰어난 예술작품이 전시와 건축 공간과 어우러져 말 그대로 예술 명소가 되었다. 구리제련소 자체가 하나의 큰 설치예술 덩어리로 변신한 것이다. 이 두 사람에 의해 환경에 악영향을 끼치던 구리제련소가 최고의 친환경건축물로 변신했고, 예술의 숨결로 가득 찬 곳이 되었다.

'왜 그곳에 꼭 가야만 하는지'를
질문하라

나오시마, 테지마, 이누지마에서 이루어진 섬 재생 프로젝트의 성공스토리는 한국에 많이 알려져 있다. 우리나라도 나오시마와 유사한 프로젝트를 여기저기에서 시도하고 있는데, 모두 다소 아쉬운 점이 발견되곤 한다.

나오시마의 성공 비결을 좀 더 정확하게 파악한다면 우리도 이와 같은 성공 사례를 만들어 낼 수 있지 않을까? 그렇다면 나오시마 예술섬 프로젝트는 왜 이렇게 큰 성공을 이루어 낼 수 있었을까. 나름대로 분석을 해 보았다.

나오시마 섬 재생 프로젝트의 첫 번째 성공 요인은 아티스트들이 직접 섬을 방문해 나오시마에서만 볼 수 있는 작품을 만들었다는 것이다. '어디에서나 볼 수 있는' 작품이 아니라 '거기에만 있는' 작품, 즉 '장소특정적 미술site-specific work'을 보여 준 것이다. 도쿄를 비롯한 대도시에서 흔히 볼 수 있는 예술작품이 아니라, 꼭 나오시마와 그 주변 섬을 가서 봐야 하는 작품들을 전시한 것이다. 새로운 건축뿐만 아니라 작가들도 직접 그 장소에 가서 작품을 만들고 전시했기 때문에 차별화 포인트가 만들어졌다고 할 수 있다.

두 번째 성공 요인으로는 나오시마가 계속해서 진화하는 예술 섬이라는 인상을 심어 주고 있다는 것이다. 안도 타다오의 작품으로 시작해서 최근에는 세지마 카즈요, 니시자와 류에 등 재능 있는 건축가들이 계속해서 나오시마에 새로운 작품을 선보이고 있다. 처음에 과도한 투자를 하고 수익이 나지 않으면 더 이상 투자를 하지 않고 방치하는 리조트 개발과는 사뭇 다른 행보임에 틀림없다. 사람들로 하여금 다시 그곳을 방문하게 하고 끊임없이 싫증나지 않도록 새로운 내용을 보여 주려는 시도가 사람들에게 좋은 평가를 받고 있는 것이다. 나오시마는 '지속가능'해야 한다는 것을 놓치지 않고, 계속 진화하는 예술섬이라는 인식을 심어 주고 있다.

세 번째 성공 요인은 나오시마가 과도한 투자보다 효율적인 투자를 했다는 점이다. 외딴섬의 땅 값은 그리 비싸지 않고, 더욱이 지자체와 상의만 잘 한다면 아주 저렴한 가격에 땅을 매입할 수도 있다. 또한 베네세그룹은 외딴 섬에 있는 빈집들을 하나둘씩 인수하여 여기에 예술을 접목할 때도 비용 대비 주목도를 높일 수 있는 다양한 방법을 사용했다. 이미 베네세그룹의 섬 재생 프로젝트로 인해 작은 섬에 많은 관광객이 찾아오고 있고, 경제적으로도 충분히 많은 이익을 창출하고 있다. 베네세그룹은 오로지 사회공헌사업을 하기 위해서 이 예술섬을 만들지 않았다. 실제로 나오시마 프로젝트로 인해서 베네세그룹은 대중적인 브랜드 인지도를 높였을 뿐만 아니라, 실제로 사업에서도 큰 이익을 보았다.

　　　　네 번째 성공 요인은 지역 주민들의 참여다. 지역주민들이 섬 재생 프로젝트에 직접 참여하기도 하고 관람객 안내도 하면서 이곳은 노인들만 있는 침체된 섬에서 활기차게 움직이는 곳으로 변화했다. 이웃 섬 쇼도시마 小豆島에서는 대학에서 미술을 공부하는 사람들이 아예 작업실을 섬으로 옮겨 지역의 노인들과 대화를 하면서 작업을 같이 하기도 하는 진풍경을 선보이기도 했다. 지역주민을 배제한 개발이 아닌 적극적으로 개입을 시키는 프로젝트를 도입했다는 것이 성공의 가장 핵심 포인트라 할 수 있다. 섬을 개발하는 것이 지역주민과 절대 무관하지 않다는 등식을 보여 준 것이다. 지역주민들의 참여율을 높이는 방법, 모두 힘을 합쳐서 개발을 할 수 있는 방법을 찾는 것이 얼마나 중요한지 나오시마 프로젝트는 증명하고 있다.

　　　　마지막으로 꼽는 성공 요인은 가장 비환경적인 곳을 친환경적인 곳으로 변화시켰다는 것이다. 우리는 여기서도 스토리텔링의 힘을 발견할 수 있다. 섬에서 단순히 예술적인 행위만 했다면 아마 이렇게까지 성공할 수 없었을지도 모른다. 오랫동안 방치되었던 구리제련소를 최고의 친환경건축물로 재탄생시킨 이누지마의 세이렌쇼프로젝트 등은 근대화의 상징으로 폐허가 된 곳을 아름다운 자연으로 다시 돌려놓았다는 것만으로도 사람들을 감동시켰다. 버려진 섬 나오시마를 예술의 힘으로 살렸다는 강력한 이야기가 뒷받침되고 있기 때문에 나오시마가 유명해졌다는 사실을 간과해서는 안 된다. 간혹 국내 리조트 개발이 사회적 반감을 사는 경우가 종종 있는데, 천혜의 자연을 파괴하고 건설을 했다는 생각을 심어 주기 때문이다. 나오시마는 비환경적인 버려진 섬이었고, '개발'을 통해 친환경적 섬으로 변신했다는 것을 기억해야 한다.

　　나오시마와 그 주변 섬은 여러 가지로 방문하고 싶은 이유가 생기는 곳이다. 필연적으로 성공할 수밖에 없는 이유를 많이 가지고 있다. 표면적으로만 보면 누구나 금방 따라할 수 있을 것 같지만 나오시마의 성공을 철저하게 분석을 해 보면 그다지 쉬운 일이 아니었다는 것을 알 수 있다. 여러 가지 성공 요인이 잘 어우러져 현재의 결과가 나온 것이다. 우리는 벤치마킹이나 산업 시찰 등을 이유로 이런 성공 사례를 접하게 되는데, 너무 겉만 보거나 쉽게 생각하는 경우가 많다. 아는 만큼 보인다고 했던가.

　　성공 사례를 보러 갈 때는 철저하게 그 내부를 속속들이 들여다 볼 수 있어야 한다. 왜 성공했는지 철저하게 조사하지 않는 한, 차라리 안 보느니만 못할 수도 있다. 대충 분석하고 쉽게 바라보기 때문에 이미 국내 여러 곳에는 세계의 유명 장소에 보았던 짝퉁들이 여기 저기 겉모습만 흉내 낸 채 사람들의 외면 속에 방치되어 있다. 아까운 혈세를 낭비했다는 생각을 지울 수 없는 곳이 꽤 많다. 나오시마 같은 성공 사례를 그냥 눈에 보이는 대로만 보고 와서 흉내 냈기 때문이다. 천문학적 금액이 투입되는 관광단지나 리조트 개발을 보고 '왜 거기를 꼭 방문해야 하는지'에 대한 답을 할 수 없으면 그 개발은 실패하기 쉽다. '왜 그곳에 다시 가고 싶은지'에 대한 근본적인 물음에 명쾌한 해답을 할 수 있어야 성공적인 장소가 될 수 있다는 것을 나오시마는 가르쳐 주고 있다.

위 : 일본을 대표하는 건축가 그룹 SANAA가 참여한 나오시마터미널.
아래 : 안도 타다오의 작품으로 산 정상에 자리한 오벌호텔의 중정.

위 : 안도 타다오가 설계한 나오시마 이우환미술관 전경.
아래 : SANAA의 건축가인 세지마 카즈요의 이누지마프로젝트.

지추미술관의
내부 중정.
콘크리트 틈 사이로
석재 파편이 바닥에
깔려 있는 중정을
내려다볼 수 있다.

이우환미술관에 들어가서 처음 보게 되는 외부 전시 공간.

위 : 위에서 내려다본 오벌호텔 전경. 루프가든 형식으로 되어 있어 방문자가 자유롭게 올라갈 수 있다.
아래 : 지추미술관의 중정. 새로운 공간에 대한 경험을 하기에 좋은 곳이다.

위 : 함부로 들어가면 안 될 것 같지만, 지추미술관의 중정은 자유롭게 걸어 다닐 수 있다.
아래 : 니시자와 류에가 설계한 테지마미술관 전경.

도시

건축과
도시는

서로 상호작용하며
만들어진다

도시의
아름다움을 담아낸
기차역

오리엔테역

교토역

야자수 모양을 한 리스본의 새로운 랜드마크

: 오리엔테역

이번 글에서 소개할 건축은 아름다운 기차역이다. '기차역이 거기서 거기지 얼마나 아름답겠어?'라고 생각한 사람이 있다면 지금부터 소개하는 건축을 실제로 보면 생각이 바뀔 것이다. 첫 번째로 소개할 기차역은 리스본에 있는 오리엔테Oriente역이다. 통상 유럽 도시의 중앙역은 도시의 이미지를 상징하는 중요한 랜드마크가 되곤 하는데, 오리엔테역은 그중에서도 가장 대표적인 랜드마크 중 하나다. 하지만 오리엔테역은 다른 유럽의 기차역과는 달리 야자수라는 아주 구체적인 형상을 하고 있는 멋진 현대건축이다.

건축가 산티아고 칼라트라바Santiago Calatrava*는 "구조가 바로 아름다움"이라고 주장한다. "구조는 단순히 기능을 위한 것이 아니라, 아름다움을 표현하는 도구가 되어야 한다"고 생각한 것이다. 그래서 그의 작품들은 거의 육교, 다리, 체육관 등 대규모 구조로 표현되는 건축이 많다. 기차역 역시 구조가 중요한 건축으로, 칼라트라바가 가장 선호하는 건축 대상이기도 하다. 야자수 형태를 하고 있는 오리엔테역은 자연 야자수와 어우러져 독특한 도시 경관을 만들어 내고 있다.

---

* 산티아고 칼라트라바 Santiago Calatrava

1951년에 태어난 스페인 건축가. 스페인 발렌시아에서 건축학과 도시학을 전공한 후 스위스에서 구조공학으로 박사학위를 딴 공학자이기도 하다. 건축가들의 작업에 나타나는 수학적 질서에 감명 받아 토목기술을 공부한 그는 건축 구조에 특히 많은 관심을 갖고 교량이나 철도역사 등의 디자인에 많이 참여했다. 그의 작품은 기하학적이고 독특한 구조미를 갖춘 작품들이 많다. 스페인의 알라미요다리, 미국 밀워키미술관 콰드라치파빌리온, 그리스 아테네올림픽 경기장, 스웨덴의 터닝토르소 등이 그의 대표작이며 2015년 '올해의 유로피언 건축가' 상을 타기도 했다.

철골 야자수 구조체와 유리지붕으로 이루어진 실내 공간 분위기는 기차역이라기보다 대형 설치 조형 작품 같다. 오래된 성당의 실내 같은 분위기를 느낄 수 있는 이곳은 사람이 아주 많은 기차역임에도 불구하고 차분한 기분이 들게 하는 곳이며, 저녁에는 화려한 야간 조명이 아주 근사한 곳이다. 그래서인지 기차를 타러 오는 것이 아니라 건물을 구경하고 휴식을 취하기 위해 이곳을 찾는 사람들도 꽤 많다. 진정한 도시의 공공장소인 셈이다.

도심 한복판에 위치한 오리엔테역은 초고속열차역의 기능뿐만 아니라, 지하철역, 버스터미널, 쇼핑몰 등의 복합기능을 갖추고 있어서 역을 방문하는 사람들에게 여러 가지 편익을 제공하고 있다. 오리엔테역은 리스본이라는 도시 자체의 아름다움을 더욱 돋보이게 하고 사람들의 감성을 자극하는 '긍정적인' 영향을 미치는 건축으로 사람들의 머릿속에 자리하고 있다. 아름다운 상징물로서 존재할 뿐만 아니라, 실용적인 기능까지 골고루 갖춘 멋진 복합센터인 오리엔테역은 두 마리의 토끼를 잡고 있는 진정한 랜드마크라 해도 과언이 아니다. 칼라트라바가 설계한 이 건축의 매력은 알기 쉽다는 것에 있다. 구조의 미를 최대한 끌어낸 이 건물은 어느 누가 보더라도 그 스케일과 디테일에 감동받게 된다. 쉬운 상징에 놀라운 구조 기술을 결합한, 완성도 높은 결과물이기 때문에 가능한 일일 것이다. 훌륭한 랜드마크가 되기 위한 첫 번째 조건은 알기 쉬운 조형 어휘로 만들어져야 하는 것이 아닐까.

1200년 도시의 계획을 표현하다
: JR교토역

이번에는 내가 공부를 했던 곳이기도 한 일본의 옛 수도 교토에 있는 역사驛舍 이야기를 해 보자. 교토역사는 1997년에 만들어졌다. 교토역 개축 프로젝트는 헤이안平安 건도建都 1200년 기념사업으로 계획되었다. 1991년에 지명현상설계가 진행되었을 때 건축가 하라 히로시**의 작품이 당선되었다. 하라 히로시는 교토대학 출신으로 당시 도쿄대학 교수로 재직하면서 건축가로서 대단히 큰 명예를 얻은 사람이다.

교토역사도 오리엔테역과 마찬가지로 기차역 외에 상업시설, 컨벤션호텔, 문화시설 등으로 구성된 복합시설이다. 지상 10층, 연면적 약 23만 5000제곱킬로미터 규모로 470미터 길이의 동서로 긴 대지에 놓인 건물이다. 웬만한 축구 경기장 보다 더 긴 건물인 교토역사는 바로 이 특이한 대지 형상을 살리는 것이 건축 계획상 주요 관심사 중 하나였다. 사실 교토에 이렇게 큰 규모의 건물이 들어서기란 쉽지 않은 일이었을 뿐만 아니라, 자주 있는 일도 아니었다. 더욱이 기차역이라는 도시의 중요한 시설이 새로이 신축된다는 사실에 교토는 들떠 있었다. 한편 기차역은 도시의 관문 역할을 하는 곳이기 때문에 어떤 건축 메시지를 담은 결과물이 나올 것인가 많은 사람들이 궁금해 했다.

하라 히로시의 파격적인 디자인이 당선되었을 때, 많은 사람들이 '과연 지어질 수 있을까'라는 의문을 가졌다. 하라 히로시가 교토역을 통해 표현하고자 한 것은 바로 1200년 역사를 자랑하는 교토의 도시계획이었다. 옛 교토의 도시계획은 반듯한 격자형의 기하학 도시였다. 바로 그 격자형 도시계획의 형태를 교토역에 고스란히 표현하려고 했다. 아주 보수적인 교토에서 이러한 파격적인 형태를 허가를 해 준 것은 바로 하라 히로시의 건축 개념이 전통에서 비롯된 것이기 때문이었다.

**
**** 하라 히로시 原廣司**

1936년에 출생한 건축가로 일본을 대표하는 하이테크 건축가의 선두주자로 평가 받는다. 교토대학 건축과를 졸업하고 도쿄로 건너가 일본 현대건축의 선구자 단게 겐조에게 건축을 배운 후, 도쿄대학에서 교수로 재직하면서 대형 프로젝트를 많이 수행했다. 교토역사를 비롯해 1993년 오사카 도심의 초고층 건물인 우메다 스카이빌딩과 2001년 삿포로돔이 그의 대표작이다. 그가 설계한 건물은 대부분 일본 도시의 대표적인 랜드마크가 되었다.

교토역사를 방문했을 때 가장 놀라게 되는 부분은 바로 지상 부분 실내 서측에 위치한 큰 계단이다. 총 10층 높이까지 직선으로 설치된 계단이 하나의 랜드마크로 기능하고 있다. 이곳에서는 주말이면 공연이 펼쳐지곤 하는데, 교토역을 방문한 사람들은 에스컬레이터 등을 이용하면서 이 계단을 조망할 수 있다. 이 계단 옆으로는 유명한 이세탄백화점이 있는데, 각 층마다 백화점으로 연결된 통로가 있어서 계단이 동선 기능도 하고 있다. 당연히 이 계단은 백화점 매출에도 큰 역할을 하고 있다. 축소지향의 일본인들은 항상 작은 스케일에 익숙해서 도시도 그러한 관점으로 바라보게 된다. 하지만 그렇기 때문에 간혹 이렇게 거대한 스케일의 공간을 만나면 더욱 감동을 받는 것 같다. 유럽에 있을 법한 자그마한 야산과도 같은 이 스타디움 계단은 도시가 사람들에게 모임의 장소를 제공해야 한다는 목표를 잘 구현하고 있는 곳이다. 교토역이 교토의 랜드마크가 된 이유는 단지 독특한 외관 때문만이 아니라, 이러한 공간이 지닌 공공성 때문이다.

교토는 외관에 관해서는 아주 보수적인 도시다. 파격적인 유리 외관이 나타났을 때에는 교토 시민들의 반응은 냉담했다. 하지만 교토역사를 둘러싸고 있는 유리 입면이 단순히 치장이 아니라 교토의 도시계획을 상징하는 격자형 패턴을 계속해서 반복적으로 표현하고 있다는 이유로 그들을 설득할 수 있었다. 특히 북측 역사의 주입면은 겨울에 그림자가 생기는 것을 감안해 다각형 유리면을 만들어 하늘을 비추면서 광장에 다양한 모습을 보여 주기 위해 의도적으로 만든 것이라고 한다. 어쩌면 이 건물은 평생 마을 연구를 하고 있는 건축가 하라 히로시가 마음속에 그리고 있는 마을의 모습을 고스란히 담은 것인지도 모르겠다. 파격적인 형태로 등장한 교토역사는 현재 교토의 가장 대표적인 현대건축으로 손꼽힌다. 교토역사는 오랜 역사를 자랑하는 도시에 어떤 현대건축이 자리 잡아야 하는지를 잘 보여 주는 사례라 할 수 있다.

도시의 아름다움을 돋보이게 하는
기차역사

오리엔테역과 교토역의 공통점은 무엇일까? 바로 도시의 아름다움을 건축가의 개성을 담아 표현했다는 것이다. 오리엔테역의 경우 휴양과 힐링이라는 단어로 대표될 수 있는 도시 리스본의 이미지를 야자수 구조를 통해 표현하면서 역사를 시민들을 위한 휴식 장소로 승화시켰고, 1200년 전 도시계획을 기차역에 담아낸 교토역사의 경우 모임 공간 역할을 하는 언덕형 계단을 만들어 '만남의 도시'라는 이미지를 교토역사에 입혔다. 건축의 아름다움은 도시의 이미지를 잘 표현하고 있을 때 배가 된다. 그렇기 때문에 건축을 하기 전에 먼저 건물이 세워질 도시의 이미지를 생각해 보아야 한다. 그 도시만이 보여 줄 수 있는 아름다움을 건축에 잘 담아낼 수 있을 때 그 건물은 도시를 대표하는 랜드마크로 자연스럽게 거듭날 수 있다.

오리엔테역과 교토역은 기차역이 이렇게 여러 가지 의미를 품은 아름다운 건축으로 탄생해 도시의 랜드마크가 될 수 있다는 것을 잘 보여 주고 있다. 기차역은 많은 사람이 오고가는 곳이면서 그 사람들이 이용하는 다양한 시설이 함께 존재하는 복합공간이기 때문에 분명 도시의 아이콘이 될 수 있는 요소를 다분히 갖고 있다. 이런 외국의 사례를 이야기하면서 우리의 기차역을 떠올려 본다. 한동안 새롭게 지어진 KTX 역사들은 우리에게 어떤 이미지를 제공하고 있는지 반문하게 된다. 그리고 우리에게 기억에 남을 만한, 도시의 아름다움을 담아내는 기차역이 있는지 질문하게 된다.

기차역 건축은 단순히 기능을 충족시키는 공간을 만드는 것이 아니라, 도시가 지닌 아름다움을 배가시킬 수 있는 곳이 되어야 한다. 그래야 그 도시가 더욱 풍요로워질 수 있다. 관광 한국을 외치기에 앞서 우리 주변을 먼저 둘러볼 필요가 있다.

위 : 철골 야자수 모양 구조체와 유리지붕으로 이루어진 독특한 디자인의 오리엔테역. ⓒ 김정후
아래 : 오리엔테역은 구조를 중요시하는 건축가 산티아고 칼라트라바의 작품이다. ⓒ 김정후

휴양도시 리스본의 이미지를 야자수 구조를 통해 표현했다. ⓒ Iván Melenclon Serrano

위 : 지상부 실내 서측에 위치한 교토역 계단. 총 10층 높이까지 직선으로 설치되어 있다.
아래 : 옛 교토의 격자형 도시계획을 모티브로 한 교토역사 전경.

도시에
광장이 필요한 이유

마드리드 카이샤포럼

예술을 사랑하는 은행이 지은 개념 있는 미술관
: 마드리드 카이샤포럼

국내에도 아모레퍼시픽, 현대카드 등 건축에 관심을 가지고 건축을 통해 적극적인 문화마케팅을 펼치며 문화예술을 지원하는 기업들이 많이 등장했다. 이 글에서 소개할 건축은 스페인의 한 금융그룹이 지은 미술관이다. 이야기의 주인공은 스페인 카탈루냐 지역의 대표적인 금융그룹인 카이샤은행이 운영하는 카이샤포럼CaixaForum이다. 일본 건축가 아라타 이소자키*가 설계한 첫 번째 카이샤포럼은 2002년 바르셀로나 몬주익 언덕에 있던 오래된 방직공장을 개조해 만든 것이다. 이 미술관에서는 카이샤은행이 소장한 800여 점의 현대미술의 작품을 비롯해 다양한 장르의 현대미술을 소개하고 있다. 이 미술관의 성공으로 카이샤은행은 이후 두 번째로 마드리드에 카이샤포럼을 열었다. 이곳은 화력발전소였던 곳을 개조해 화제가 되었다. 테이트모던갤러리를 설계한 헤르초크 & 드 뮤론**의 '화력발전소 개조' 두 번째 프로젝트인 셈이다.

---

* 아라타 이소자키 磯崎新

1931년 일본 큐슈에서 태어난 건축가. 도쿄대학에서 단게 겐조에게 건축을 배웠으며 졸업 후에도 겐조 밑에서 일했다. 프랙털 건축 양식의 정수라 불리는 독특한 기하학적 형태로 유명한 '조인트 코어 시스템' 설계로 유명하며, 대표작으로 LA현대미술관, 미토복합아트타워 등이 있다. 늘 새로움을 추구하는 건축가로 평가 받는 일본 2세대 건축가의 대표주자다.

** 헤르초크 & 드 뮤론 Herzog & de Meuron

'건축을 시로 승화시켰다'고 평가받는 스위스의 건축가 듀오. 자크 헤르초크Jacques Herzog와 피에르 드 뮤론Pierre de Meuron은 1950년 스위스 바젤에서 태어난 오랜 친구로, 취리히연방공대에서 함께 건축을 공부했고 1978년에 바젤에 사무소를 차렸다. 발표하는 작품마다 전 세계의 주목을 받는 이들은 2001년에 프리츠커상, 2003년에 스털링상, 2007년에 로열골드메달, 2009년 루벳킨상을 수상했다. 셀 수 없이 많은 대표작이 있지만, 우리에게는 런던의 테이트모던갤러리와 '새둥지'라는 별명으로 유명한 베이징올림픽 주경기장이 가장 많이 알려져 있다.

마드리드 카이샤포럼이 다른 미술관과 다른 것은 기업이 운영한다는 점, 무료로 개방한다는 점이다. 이곳은 개관하자마자 건축 자체를 비롯해 운영방식, 전시내용 등 여러 가지 면에서 큰 화제를 불러일으켰다. 마드리드 도심의 프라도거리에 위치한 카이샤포럼은 다양한 무료 전시회와 공연을 기획하고 있어 늘 사람들에게 인기가 있다. 카이샤포럼은 근처에 있는 프라도미술관, 왕립소피아미술관, 티센미술관과 함께 새로운 문화·예술공간 트라이앵글을 이루며 그 역할을 톡톡히 해 내고 있다. 카이샤포럼은 소장하고 있는 현대미술 작품도 유명하지만 오디토리움 등에서 진행되는 다양한 워크숍과 이벤트도 시민들이 상당히 좋아한다. 마드리드의 진정한 문화예술 중심지 역할을 수행하고 있는 것이다.

사실 카이샤은행의 미술관만큼이나 유명한 것이 스페인 전역에서 누구나 자주 볼 수 있는 카이샤의 로고다. 이 로고는 화가 호안 미로Joan Miró의 작품이다. 미로가 로고를 디자인했다는 사실만으로도 우리는 카이샤은행이 문화 사업에 관심이 많다는 것을 알 수 있다. 이렇게 '카이샤'라는 이름에는 여러모로 예술의 향기가 듬뿍 배어 있다. 이렇듯 카이샤포럼이 하는 일들은 늘 사람들의 시선을 사로잡는다. 왜 이렇게 사랑을 받고 있는 것일까? 카이샤포럼의 사례는 특히 건축을 통한 문화마케팅에 관심이 많은 사람들에게 영감을 줄 수 있을 것이다.

마드리드의 카이샤포럼은 2007년 런던의 테이트모던갤러리를 설계한 스위스 건축가 그룹 헤르초크 & 드 뮤론이 참여해 구도심에 방치된 화력발전소를 개조해 만든 것이다. 헤르초크 & 드 뮤론은 테이트모던갤러리로 이미 세계적으로 유명세를 탔던 사람들로 이들은 그때와 마찬가지로 1899년에 지어진 스페인의 오래된 화력발전소를 멋진 문화공간으로 탄생시켰다. 장인정신으로 똘똘 뭉친 스위스를 대표하는 이 두 건축가는 늘 자유로운 조형 개념으로 무장하고 있으면서도 현실적이고 완성도 높은 건축을 선보이고 있다. 헤르초크 & 드 뮤론은 다른 작가주의적 건축가들의 예술지향적인 행보와는 달리 직업관이 투철한 직능적인 실용주의를 추구하는 건축가라는 평을 받고 있는데, 스위스 출신다운 장인정신을 가지고 있다고 할 수 있다.

옛것을 유지하되,
새로운 조형적 시도로 깊은 인상을 남기다

프라도미술관을 마주보고 있는 이 지역은 사실 과거에 예술과 동떨어진 중앙 전기발전소, 가스발전소 등이 있었던 곳이다. 100여 년 전 마드리드 남부지역에 전력을 공급하기 위해 도심에 세운 이 발전소들 때문에 이 지역에는 산업시설과 도심의 문화시설 등이 혼재되어 있을 수 밖에 없었다. 화력발전소가 있던 자리는 좁은 골목길 안인데, 미술관이 들어서기에는 사람들의 눈에 잘 안 띄는 곳이었다. 그래서 카이샤은행은 바로 앞에 있었던 주유소를 전격 매입하여 광장으로 만들어 버렸다. 이유는 간단했다. 카이샤포럼이 위치한 곳을 미술관에 적합한 입지로 만들기 위해 광장이 필요해서였다. 어떻게 미술관 앞에 광장을 둘 것인가에 대한 문제를 비롯해 이 미술관은 건축가의 능력이 특별히 요구되는 프로젝트였다. 그래서 초기부터 건축가들의 디자인 방향이 어떤 것인지도 세간의 주목을 끌었다. 건축가들은 단순히 옛 건물을 개조하는 것이 아니라, 아주 적극적으로 외관에 손을 대면서 화력발전소의 외관을 지키는 동시에 새로운 조형적인 시도를 곁들였다.

헤르초크 & 드 뮤론은 오래된 건축을 보존하되 새로운 방식으로 해체하고 조립하면서 구조를 전면적으로 새롭게 재구성했다. 지면 위와 아래, 이렇게 공간을 두 개로 분리해 재구성했다고 하는데, 지면 위 건물에서 가장 먼저 눈에 들어오는 것은 입구entrance 역할을 하는 1층 공간이다. 마치 누가 건물을 살짝 들어 올린 것 같은 재미있는 형태를 하고 있다. 마치 르네 마그리트의 작품처럼 건물이 공중에 떠 있는 것 같다는 느낌을 받는다. 화력발전소를 지탱하고 있는 바닥의 돌들을 제거하고, 마치 땅으로부터 상당히 자유롭게 떠 있는 것처럼 보이게 만든 것인데, 사람들이 자연스럽게 이곳으로 모일 수 있도록 유도하는 개방형 공간으로 기능하고 있다. 이런 건물 모양은 구조적으로 꽤 난이도 있는 계산이 수반되어야 해서 더욱 주목받기도 했다. 눈앞에 거대한 건물이 부유하는 듯한 느낌을 주기 때문에 이 미술관의 입구는 누구나 기억하기 쉽다. 너무나 인상적인 미술관 입구는 그 앞의 광장과 조화를 이루며 카이샤포럼의 독특한 인상을 만들고 있다. 광장만 있는 게 아니라 광장이 건물의 1층으로까지 확장되어 있는 것 같은 콘셉트다. 미술관 앞 광장의 존재감을 새로이 이식한 것이라는 사실에 주목해야 한다.

옛것과 새것,
주변 환경과의 조화를 시도한 외관

이 화력발전소는 마드리드 시가 지정한 보존건물이기도 했지만, 건축가는 기존의 완성도 있는 오래된 벽돌 건축을 그대로 살린다는 것을 대전제로 작업에 들어갔다. 과거의 흔적을 중요하게 여기고 역사를 기억한다는 의도를 살린 것이다. 역사를 수용하는 문제는 디자인에 있어서 중요한 선택의 문제다. 문제는 건물이 보존하기 어려울 정도로 파손이 많이 된 상태였고, 구조적으로 안전하지 않은 곳도 많았다. 그래서 건축가는 다시 그곳을 정교하게 복원하기로 결정했다. 외관의 30~40% 정도만 다시 작업을 했다고 하니, 옛 외관을 지키기 위해 건축가들이 얼마나 철저하게 준비를 했는지 알 수 있다.

건물 외관은 햄버거나 샌드위치 같이 다층의 지표면을 연상시키는 조형 형식을 선보이고 있다. 관리사무실과 레스토랑이 자리한 공간의 옥상층 외관은 코르텐스틸corten steel, 부식철판 소재를 사용해 새로 디자인했는데, 파격적으로 보이지만 은근히 주변 공간과 잘 조화를 이루고 있다. 건축가가 주변 건축물들 지붕과의 조화를 고려했다는 것을 알 수 있다. 기존의 17미터 높이 건물을 27미터로 수직 증축하면서, 증축한 부분을 코르텐스틸로 마감해 이색적인 옥탑 경관을 만들어 냈다. 카이샤포럼은 기존 건물에 사용한 붉은색 벽돌과 1층의 스테인리스스틸, 그리고 코르텐스틸까지 다양한 마감재가 서로 어울리지 않는 듯 조화를 이루는 외관이 인상적인 건물이다. 참으로 감각적인 재료의 조합이 아닐 수 없다. 또한 카이샤포럼은 가장 트렌디한 건축 디자인의 집결체라 할 만하다. 옥탑 증축에 사용한 코르텐스틸 소재, 스테인리스스틸로 마감한 1층 로비 내부, 1층을 들어 올린 것처럼 보이는 파격적인 디자인 등은 화제가 되기에 충분했다.

내부의 공간적 반전과
눈길을 끄는 수직정원

카이샤포럼 내부에 들어가면 다시 한 번 놀라게 된다. 외관의 이미지와는 전혀 다른 반전이 있기 때문이다. 밝은 은색 스테인리스스틸 소재로 처리한 내부 마감은 외부의 아날로그적인 이미지와는 반대로 첨단의 이미지를 연출하고 있다. 입구에서부터 마감 소재로 사용한 스테인리스스틸은 미술관의 시각적 구심점 역할을 하고 있으며, 자칫 어둡다고 느껴질 수 있는 이 공간을 반사광이 퍼지는 밝은 1층 광장 공간으로 만들어 주고 있다. 스테인리스스틸 마감은 계단실, 엘리베이터홀, 뮤지엄숍의 바닥 등으로 연결되면서 공간의 특징을 만들어 준다. 최고의 현대미술을 전시하는 미술관답게 진보적인 성향의 내부 마감을 보여 주고 있고, 노출된 천정 위로 불규칙적으로 배치한 형광등 램프 디자인도 전위적이면서 독특한 내부 분위기를 연출하는데 한몫을 하고 있다. 또한 옥상 층의 레스토랑 외부로 펼쳐진 펀칭된 철판 마감 사이로 들어오는 빛은 상당히 몽환적인 분위기를 자아내고 있어 매력적이다.

한편, 외부에서 보면 이 화력발전소 건물만큼이나 유명한 풍경을 또 하나 발견할 수 있다. 바로 실험적인 프랑스의 식물학자 패트릭 블랑Patrick Blanc이 설계한 수직정원이다. 수직의 벽에 만든 정원을 의미하는 수직정원은 요즘 국내에서도 많이 시도하고 있는데, 카이샤포럼의 수직정원이 그 시초라 할 수 있다. 높이 24미터에 달하는 벽에 조성한 수직정원에는 마드리드의 대표적인 식물을 중심으로 약 250여 종, 1만5000여 개체의 식물이 살고 있는데, 흙 없이 물과 영양제로만 자란다고 한다.

사실 이 수직정원은 미술관만큼이나 인기가 있다. 화력발전소의 외관, 상부의 부식철판 외관, 수직정원 등이 조화를 이루고 있는 카이샤포럼은 관광객이나 시민들의 관심을 받기에 충분해 보인다. 게다가 무료로 운영하기 때문에 금세 명소로 자리 잡았다. 유럽에 있는 광장이 다 그렇듯이 광장에 서서 볼거리가 많다는 것은 보이지 않는 매력 중에 하나일 것이다.

외관보다 주목해야 할 광장

카이샤포럼에서 주목해야 할 핵심 부분은 따로 있다. 바로 광장의 힘이다. 좁은 골목길 안에 있던 발전소 건물만 멋있게 개조하는 것으로는 사람들을 미술관으로 유입시키기에는 무리가 있었다. 그래서 카이샤은행은 발전소 건물 앞 주유소 자리를 탁 트인 광장으로 만들어, 그 광장을 통해 사람을 모이게 하는 전략을 사용했다. 부동산적인 가치로만 보자면 낭비라고 생각할 수도 있겠지만, 결국 그러한 과감한 선택이 궁극적으로 미술관도 살리고 지역의 가치도 살리는 결정적인 역할을 했다. 결국에는 손해가 아닌 이익을 가져 온 선택이었던 셈이다.

카이샤포럼이 가지고 있는 두 번째 힘은 그 광장을 받쳐 주는 건축디자인의 힘이다. 시선을 끄는 1층의 독특한 조형은 자연스럽게 사람들의 발길을 미술관으로 향하게 했다. 우연히 광장에 온 사람들은 그 특별한 건축 디자인에 이끌려 미술관으로 들어가게 된다. 광장을 확장시킨 것이다. 이렇게 자연스럽게 동선을 유도하는 것이야말로 카이샤포럼 건축디자인의 힘이라 할 수 있다.

카이샤포럼이 지닌 또 하나의 힘은 광장에서 바라보는 경관이다. 패트릭 블랑의 실험적 조경은 광장에 모인 사람들의 시선이 자연스럽게 미술관으로 향하게 한다. 아름다운 녹색 수직정원과 첨단 복원 기술로 살린 오래된 발전소 외벽, 그리고 증축한 옥탑 부분까지 시야에 들어오면서 사람들은 이 광장에서 미술관이 제공하는 볼거리를 충분히 즐길 수 있게 된다.

좁은 골목길 안에 있어 사람들의 눈에 별로 띄지 않았던 발전소 건물 앞을 광장으로 만들고, 건물에 사람들의 시선을 끌만한 몇 가지 요소를 갖추자 예전과 다르게 지역이 생기 있게 되살아났다. 카이샤은행은 미술관 건축을 통해 문화마케팅의 모범을 보여 주고 있고, 문화적 독창성이 한 기업의 뿌리를 차지하고 있다는 것을 느끼게 한다. 고객들은 건축과 예술을 통해 카이샤라는 기업을 알게 되고, 자연스럽게 카이샤은행에 대해 친숙한 이미지를 갖게 된다. 기업을 하는 사람들은 건물을 하나 지을 때도 이처럼 어떻게 하면 사람들을 끌어 모을 수 있는 공간을 만들 수 있을지 고민해볼 필요가 있다.

위 : 카이샤포럼은 건물을 살짝 들어올린 것 같은 재미있는 형태를 하고 있다. 그래서 광장에서부터 자연스럽게
미술관 입구로 관람객들의 움직임을 유도한다. Wikipedia ⓒ Zarateman
아래 : 외관의 이미지와는 전혀 달리 스테인리스스틸 소재로 마감된 내부는 최첨단의 이미지다.
Wikipedia ⓒ antomoro

미술관만큼이나 인기가 있는 수직정원. 패트릭 블랑의 실험적 조경으로 수직정원의 효시다. ⓒ 김정후

주유소였던 곳을
광장으로 만들어 사람들이
자연스럽게 모일 수 있게
유도한 카이샤포럼.

독특한 모양의 입구,
코르텐스틸로 마감한 상층부,
벽돌 외벽, 수직정원이
만들어 내는 다채로운 외관도
인상적이다. © Boris-B

산업

산업과
예술의

행복한 만남을
위하여

잘 지은 건축물은
'돈'을 부른다

부틱모나코

남해힐튼스파

용평리조트 더 포레스트 레지던스

비오토피아 리조트 단지

작품이냐 상품이냐, 그것이 문제

부동산 개발을 할 때는 몇 가지 중요한 요소를 체크해 보아야 한다. 먼저 땅의 위치, 자본, 마케팅 그리고 상품이다. 부동산에서는 건축을 상품이라 한다. 즉, 부동산 개발을 하는 사람들 입장에서 건축은 '만들어서 파는 대상'이다. 물론 건축을 상품이라고 부르는 것에 동의하지 않는 건축계 사람들도 있을 것이다. 하지만 부동산 개발에서 건축이 차지하는 비중은 점점 중요해지고 있고, 건축의 역할에 대한 기대가 더 커지고 있는 것도 사실이다. 현실적으로 작가지향형 건축가도 그렇지 않은 건축가도 모두 부동산 개발 프로젝트에 직간접적으로 많이 참여한다. 부동산 개발에 있어서 건축이 조금 더 적극적으로 어떤 역할을 해 주어야 할 때가 왔다는 생각이 든다.

개발 사업을 할 때 상품이 좋으려면 기본적으로 '좋은 건축'이어야 한다. 부동산에서 이야기하는 좋은 건축이란 '잘 팔리는 상품'이라는 대전제가 붙는다. 의미 있는 건축이면서 잘 팔리는 상품도 되어야 하는 것이다. 건축가는 사실 부동산 개발과도 인연이 깊다. 뛰어난 감독이 각종 영화제에서 상을 휩쓸어도 관객의 반응에서 좌절을 맛보는 경우가 많다. 반대로 1000만 관객을 동원하고도 상은커녕 작품성 면에서 좋은 소리를 듣지 못하는 경우도 있다. 건축 또한 영화처럼 작품이냐 상품이냐의 문제로 끊임없는 논의가 있어 왔다. 하지만 작품과 상품, 이 두 마리 토끼를 잡은 경우가 없는 것은 아니다.

작품을 상품화하는 과정에서 가장 먼저 드러나는 것이 바로 건축가의 이름이다. 건축가의 이름이 마케팅 수단이 되어서 상품 홍보에 이용되고 있는지 여부는 가장 우리가 쉽게 파악할 수 있는 부분이다. 이미 외국에서는 부동산 개발을 할 때 유명 건축가의 이름을 거론하는 것이 아주 중요한 마케팅 수단이 되었다. 뉴욕의 고층 주거 단지를 개발할 때에도 유명 건축가 누구의 작품이라며 홍보를 하고, 고가의 프리미엄을 붙여 분양하는 경우도 많다.

상업시설에서도 어떤 건축가의 작품이라는 사실을 부각해 별도로 마케팅을 펼치는 경우도 많다. 이미 중국에서는 부동산 개발에서 건축가를 중요한 마케팅 수단으로 이용하고 있다. 얼마 전 세상을 떠난 건축가 자하 하디드는 중국에서 주상복합 건축을 시리즈로 발표하면서 부동산 개발 사업을 성공으로 이끄는 중요한 키맨으로 활약했었고, 한국의 승효상, 일본의 쿠마 켄고 등은 이미 중국 부동산 개발 사업에서는 최고의 인기 있는 건축가 그룹군이 되었다.

이 글에서는 작품으로 평가 받으면서 동시에 사업에 성공한 상품이기도 한 몇 가지의 사례를 살펴보면서, 부동산 개발과 건축과의 관계를 알아보도록 하겠다.

49개의 다른 오피스텔 유니트 타입
: 조민석의 '부틱모나코'

첫 번째 사례는 부틱모나코 오피스텔 프로젝트다. 부틱모나코는 국내에 들어온 지 얼마 되지 않은 건축가 조민석을 일약 스타덤에 올려놓은 부동산 개발 프로젝트다. 강남역 사거리에 있는 다른 오피스텔 시가보다 무려 2.5배나 높은 분양 금액임에도 불구하고 100% 분양이 이루어지며 주목 받았다. 물론 분양 시기가 좋았다고는 하나, 금액 등을 고려해 보면 쉽지 않은 부동산 개발 프로젝트였음에 틀림없다. 그 땅은 부틱모나코로 개발되기 이전에 고가의 땅값으로 인해 사업성이 나오지 않는다는 이유로 오랜 시간 나대지로 버려져 있었다. 이런 상황이었다는 사실만 봐도 얼마나 이 프로젝트가 어려운 것이었는지 잘 알 수 있다.

조민석은 과감하게 공중정원 등을 선보이면서 49세대 디자인을 전부 다르게 설계해 외관부터 내부에 이르기까지 독특한 국내 오피스텔 문화를 만드는데 성공했다. 부틱모나코가 성공할 수 있었던 데에는 조민석이라는 건축가의 역할이 중요했다. 그는 작품과 상품 사이에서 외줄타기를 하면서 대단히 훌륭한 결과를 만들어 냈다는 평가를 받았다. 부틱모나코는 브랜딩과 마케팅, 건축디자인이 조화를 이룬 통합적 컨설팅으로 화제를 모았다. 기존의 오피스텔 개념을 뛰어 넘어 '비즈니스 펜트하우스' 개념으로 제안한 부틱모나코는 새로운 수요를 창출하면서 주거시장의 블루오션을 창조해 냈다. 부틱모나코의 성공의 이면에는 기획자들의 숨은 전략이 있었다. 기존 주거문화에 대한 분석을 토대로 새로운 수요를 예측하고 향후 개성을 중시하는 주거문화로 변화할 것이라는 판단에 근거해 세운 전략이었다. 플래닝코리아의 이병주 대표가 기획의 중심에 서 있었던 인물이다. 그동안 건설사들이 시공의 경제성을 이유로 획일화된 평면을 주장해 온 것에 반해 그는 오히려 다양한 평면을 주요 마케팅 포인트로 삼았다. 이를 위해 과거와는 다른 창의적인 개념의 주거 브랜드를 시각화하고, 새로운 고객의 니즈를 해결해 주는 공간을 제공한다는 목표를 세웠다. 플래닝코리아는 그러한 목표를 실현해 줄 건축가로 조민석을 선택했다.

이병주 대표는 "부동산 개발이라는 사업 영역을 '사회설치예술'이라는 관점으로 접근한다"고 말한다. 그는 건축, 미술, 디자인, 패션, 마케팅에 대한 크로스오버crossover적인 접근을 통해 제시하는 브랜드 컨설팅은 트렌드 기반 연구를 토대로 새로운 문화를 창조하는 일이라고 강조하고 있다. 이렇듯 기획자인 플래닝코리아의 이병주 대표와 디자인을 맡은 건축가 조민석의 뛰어난 컬래버레이션이 이루어 낸 이 개발 사업은 대성공이었다.

자연 경관과 어우러지는 독특한 조형의 표현
: 민성진의 '남해힐튼스파'

두 번째 사례는 퍼블릭골프장 리조트 남해힐튼스파다. 사실 남해힐튼스파가 있는 곳의 경관은 매우 훌륭하지만, 골프장은 매립지의 특성상 그

다지 좋은 편은 아니었다. 하지만 개발회사는 콘도 분양을 받은 회원들에게 골프장을 사용할 수 있게 해 주자는 아이디어를 선보여 대성공을 거두었다. 하지만 사람들이 실제로 그곳을 방문했을 때 이용하는 시설 등에서 감동을 받지 못했다면 이 사업은 성공하지 못했을 것이다.

사람들에게 감동을 줄 수 있는 시설을 만드는 역할을 맡은 이가 바로 건축가 민성진이였다. 그는 원래 고층 단독 건물이었던 콘도 건물을 3층 이하 건물들로 바꾸었다. 자연과 어우러지는 건축을 새롭게 선보여 고객들에게 색다른 공간 경험을 하게 한 것이 성공의 비결이라 할 수 있다.

민성진은 비싼 시공비를 들이지 않고 독특한 건축디자인을 강조해 남해힐튼스파를 새로운 아이콘으로 만들었다. 과감한 형태의 디자인은 자연 경관과 어우러지면서 사람들의 시선을 사로잡고 있다. 남해힐튼스파는 콘도 분양 금액은 비교적 저렴하지만 건축디자인이 아주 고급스럽고 아름다워 사람들에게 더욱 어필할 수 있었다. 장인정신을 가지고 끝까지 '웰메이드' 건축을 완성하기 위해 노력한 것이 사업적으로도 성과를 이루어 낸 것이라 할 수 있다. 민성진은 남해힐튼스파의 건축가로 이름을 알렸고 스타 건축가 대열에 끼게 되었다.

민성진은 이 건물과의 인연으로 많은 부동산개발회사들과 프로젝트를 진행하고 있다. 특히 금강산아난티골프장 클럽하우스는 북한에 짓는 첫 현대건축으로 많은 주목을 받기도 했다.

그는 최근에도 아난티 시리즈로 경기도와 부산에 화제작을 완성시키는 작업을 계속 하고 있다. 이색적인 행보를 계속 하고 있는 건축가 민성진의 존재는 부동산 개발업자developer에게 자신을 도와줄 천사처럼 보일 것이다. 이유는 간단하다. 이런 건축가들의 결과물이 정말 아름답고 잘 만든 것이기 때문이다.

VVIP가 선호하는 주말 별장의 대표작
: 양진석의 '용평리조트 더 포레스트 레지던스'

세 번째 소개할 작품은 내가 참여하고 디자인한 용평리조트 더 포레스트 레지던스이하 용평리조트다. 용평리조트 안에 위치한 최고급 별장 콘도로 총 110여 채 가량의 주택단지로 구성되어 있다. 많은 전문가들과 함께 전체 배치 계획부터 건축설계와 인테리어까지 참여했는데, 전체가 전부 분양이 완료되었고, 지금은 프리미엄까지 형성되어 있는 인기가 높은 곳이다.

징크Zinc라는 소재의 금속 마감재로 만든 박공지붕책을 펼쳐서 엎어 놓은 모양의 지붕이 건축 외관의 주요 특징이며, 화려하지 않으면서 기능적이고 모던한 외관은 리조트 별장 건축의 하나의 기준이 되었다고 해도 과언이 아니다. 경사지라는 아주 불리한 입지 조건에서도 최대한 테라스를 활용해 2~3개 층으로 공간을 분리했고, 도로로 진입하는 곳에서는 1층으로 보이지만, 별장 안으로 들어가면 다채로운 공간적 전이를 경험할 수 있도록 설계했다. 경사형 대지에 순응하는 공간 배치를 위해, 매스와 매스의 연결을 자연스럽게 할 수 있도록 힌지타입이라는 개념을 적용해 사람의 골절과 같은 구조 형태를 취했다. 처음에는 8가지 타입의 설계로 시작되었지만, 결국 수십 가지 프로토타입의 주택 설계까지 나오게 되었다.

처음 방문했던 현장의 기억이 아직 생생하다. 곧게 뻗은 나무들이 만들어 내는 풍경은 그야말로 '숲속의 천국' 그 자체였다. 그래서 그 나무 사이로 최대한 집들이 최소한의 배치로 위치하게끔 했고, 지붕의 패턴 또한 수직성을 강조하여 나무의 결과 함께 자연스러운 풍경을 연출하도록 시도했다. 한국의 VVIP가 어떤 주택을 선호하고 있으며, 리조트란 어떤 건축이어야 하는지에 대해 사람들이 가지고 있는 기대감이 어떤 것인지 끊임없이 질문했기 때문에 나올 수 있었던 좋은 결과라고 생각한다. 당시만 해도 '고가의 오너십 별장형 콘도가 과연 될까?'라는 의문을 가지고 있는 사람들이 많았다. 하지만 결국 용평리조트는 건축의 힘을 보여 주며 성공적으로 존재감을 드러낼 수 있었다.

개인적으로 이 프로젝트는 '수요는 있는 것을 조사하는 것이 아니라 만드는 것이다'라는 확신을 가지고 임했다. 기획, 디자인, 시공을 맡았던 올리브플래닝과 마루종합건설의 헌신적인 노력, 건축에 함께 참여한 와이그룹이라는 파트너가 없었다면 지금의 결과를 얻기 힘들었을지도 모르겠다. 사실 용평리조트의 성공은 전국적으로 오너십 별장 개발 붐으로 이어졌다. 하지만 안타깝게도 성공한 현장은 거의 없었다. 이유는 간단하다. 이런 고가의 별장을 살 사람의 수도 적지만, 살 이유를 확실하게 각인시켜 주는 결과물을 보여 주지 못해서다. 그런 면에서 용평리조트의 성공은 건물 자체의 존재감 때문인 것도 있고, 지금까지 보지 못했던 새로운 건축을 보여 주었기 때문이라고 자평해 본다.

개발의 핵심 키워드가 된 건축
: 이타미 준의 '비오토피아 리조트 단지'

마지막으로 언급할 곳은 이타미 준*의 작품이다. 부동산 개발을 하는 재일교포기업몇 년 전 SK그룹에게 매각되었다이 건축가 이타미 준에게 의뢰해 처음으로 완성한 곳은 핀크스골프장의 클럽하우스다.

---

* 이타미 준 伊丹潤

이타미 준은 1937년 도쿄에서 태어났지만 대한민국 국적을 포기하지 않은 재일 한국인 건축가로 한국 이름은 유동룡이다. 무사시공업대학에서 건축을 공부했으며, 공간에 '자연'을 담는 건축가, '지역성'을 중요시하는 건축가로 유명하다. 아시아인 최초로 프랑스 국립 기메박물관에서 개인전을 개최했으며, 김수근문화상, 무라노도고상, 프랑스 예술문화훈장 슈발리에 등 다양한 상을 수상했다. 2011년에 세상을 떠났다.

이 이국적이면서도 한국적인 클럽하우스는 최고의 서비스와 함께 주목을 받았다. 디자인에 대한 만족도가 높았던 기존 회원들은 건축가 이타미 준에 대해 관심을 갖기 시작했다. 그 후 이타미 준은 골프장 옆 대지에 30여 개 방으로만 이루어진 포도호텔을 디자인했다. 이 호텔에 대한 반응은 골프장 클럽하우스 때보다 훨씬 뜨거웠다. 포도호텔이 주목 받은 이유는 한국적인 골목길과 초가집을 떠올리게 하는 수려하고 독창적인 디자인 때문이었다. 제주의 오름과 초가집을 모티브로 설계한 이곳은 하늘에서 내려다보면 한 송이의 포도 같다 해서 '포도호텔'이라는 이름이 붙었다. 포도호텔은 전체 지형을 거스르지 않는 높이와 배치, 세밀한 디테일과 뛰어난 완성도, 과하지 않은 공간감, 빛을 자연스럽게 받아들이는 공간 분할 등 그동안 보지 못했던 리조트 건축의 결과를 보여 주었다.

핀크스골프장과 포도호텔로 이어지는 개발의 핵심 키워드는 이타미 준의 건축이었다. 사실 골프장이나 호텔 영업이라는 것이 흑자를 내기가 쉬운 일은 아니다. 하지만 곧바로 개발이 된 비오토피아 주택단지가 큰 성공을 거두면서 단숨에 리조트 경영을 흑자로 돌려놓았다. 이타미 준은 비오토피아라는 이름의 휴양 단지를 단숨에 적자 리조트에서 흑자 리조트로 전환시키는데 결정적인 역할을 했다. 사실 비오토피아에서 성공을 한 주택들은 이타미 준 작품이 아니다. 실제로 이타미 준이 작업한 건물은 빌라형 콘도와 미술관, 교회였다. 하지만 핀크스골프장과 포도호텔의 성공을 일구어 낸 비오토피아에 대한 고객들의 믿음이 강했기 때문에 자연스럽게 주택도 그 후광을 입은 것이다.

비오토피아 단지 안에 위치한 4개의 미술관 수·풍·석미술관과 두손미술관과 방주교회는 단지의 완성도를 높이는 역할을 톡톡히 했다. 이 문화시설들은 비오토피아라는 리조트 주택단지를 더욱 고급스럽고 풍요롭게 만드는 데 일조했다.

결국 이 리조트는 이타미 준의 건축을 빼놓고는 상상할 수 없는 장소가 되었다. 최근 안도 타다오가 설계한 본태박물관이 이 인근에 들어서면서 비오토피아 단지 부근은 이타미 준에서 시작되어 안도 타다오로 이어지는 제주의 건축 명소가 되었으며, 부동산 개발로도 큰 성과를 낳은 한국의 대표적인 리조트로 확실히 자리매김하게 되었다.

개발 취지에 맞는 '적합한' 건축인가

건축디자인이 훌륭하다고 해서 반드시 부동산 개발이 성공하는 것은 아니다. 물론 중요한 요소이기는 하지만 핵심적인 역할을 했다고 말하지는 않는다. 그럼에도 불구하고 완성도 높지 않은 건축, 마케팅 목표에 맞지 않는 건축으로 성공하는 부동산 개발도 찾기 어렵다.

즉, 성공하는 부동산 개발에는 좋은 건축이 항상 수반되어야만 한다는 이야기다. 부동산 개발을 할 때 이렇게 건축이 중요한데, 항상 건축은 인허가를 받기 위해 그리는 공사 도면 정도의 수준으로 생각하는 경우가 종종 있다. 당연히 이런 경우 개발 실패 확률은 높아지기 마련이다.

최근 서울 도심에 복합개발로 상업시설이나 고급 오피스를 건설하는 경우가 점점 더 많아지고 있다. 외국의 건축가나 전문가들도 많이 참여한다. 이러한 부동산 개발의 중심에도 건축이 있다. 사람들은 '어떻게 이 개발이 성공할 수 있었느냐'라고 물으면, '외국의 유명한 곳에 의뢰했기 때문에'라고 답하기도 한다.

하지만 외국 유명 회사나 건축가가 참여했다고 성공하는 것은 아니다. 결국 부동산 개발의 성공은 그 지역과 건물용도 등에 맞는 좋은 건축을 선보일 수 있었느냐에 달려 있다. 건축회사나 건축가의 유명세 이전에 개발 취지에 맞는 '적합한' 건물을 지어야 한다는 것이다.

패션디자이너는 단순히 디자인만 하는 사람이 아니다. 패션디자이너는 고객이 좋아할 만한 상품을 만드는 것은 물론이고 어떻게 팔 것인가의 문제까지도 고민하고 관여해야 한다. 자동차디자인 역시 디자인 책임자는 디자인뿐만 아니라, 자동차 생산 전 공정에 관여한다. 건축가도 마찬가지다. 건축가도 부동산 개발을 할 때 그런 개발 전 과정을 이해하고 거기에 관여할 수 있는 핵심적인 역할을 해야 한다.

일본에서는 부동산 개발을 할 때 건축을 상당히 중요하게 여긴다. 건축에서부터 아이디어가 나오고, 건축 프로세스 안에 모든 핵심 솔루션이 있다고 생각하기 때문이다. 대규모 복합개발은 물론이고, 골목 안에 자리한 작은 대지를 개발할 때도 건축 아이디어가 좋아야 한다.

현재 우리의 주택 부동산 불경기를 어떻게 타파해야 할까? 지금까지 해 오던 똑같은 방식으로는 아마 쉽지 않을 것이다. 위치만 다를 뿐 건설사마다 시행사마다 각기 다른 상품을 구경하기가 쉽지 않다. 그렇다면 다시 한 번 건축에 대한 생각을 점검해 볼 필요가 있지 않을까? '어디에나 있는 건축'이 아닌, '그곳에 가야만 있는 건축'을 선보인다면, 주택이나 상업시설을 지을 때 뭔가 해답이 보일 것이다. 바로 해답을 찾을 수 있는 비결을 제공하는 열쇠가 건축이다. 이제 건축가의 건축적인 사고 프로세스 안에서 해답을 찾아보는 것은 어떨까.

위 : 비즈니스 펜트하우스 개념으로 접근한 오피스텔 부틱모나코 외관.
아래 : 자연과 어우러지는 건축을 새롭게 선보여 성공을 거둔 남해힐튼스파 클럽하우스 전경.

위 : 지붕에서부터 벽면까지 징크를 사용해 구성한 용평리조트 더 포레스트 레지던스 외관.
아래 : 중국 주택단지 개발 분양 홍보 간판. 안도 타다오, 다니엘 리베스킨트 등의 유명 외국 건축가는 물론이고, 중국에 잘 알려진 국내 건축가 승효상의 이름도 보인다.

위 : 용평리조트 더 포레스트 레지던스 입구.
경사지에 지어져서 같은 평면이 거의 없을 정도로 모든 집이 다른 형태를 취하고 있다.
아래 : 화려하지 않으면서도 기능적이며 모던한 외관.
오른쪽 : 고가형 오너십 별장형 콘도의 성공 사례를 보여 준 용평리조트 더 포레스트 레지던스.

위 : 건축 공부를 함께 하는 리더들과 같이 방문한 비오토피아 내 물갤러리.
공간과 조형감이 만들어 내는 압도적인 풍광이 발걸음을 붙잡는다.
아래 : 제주의 '바람'을 표현한 바람갤러리.

위 : 노아의 방주를 연상시키는 방주교회. 건물 주변이 물로 둘러싸여 있다.
아래 : 건축가 이타미 준이 설계한 비오토피아 콘도.
화려함보다 장식 없이 기본에 충실한 집합주택 형식의 디자인을 선보였다.

제주의 풍광과 조화를 이루고 있는 제주 물갤러리 전경.

오늘날의
애플을 만든
건축 사조

바우하우스

현대 디자인의 시작을 만들다

: 바우하우스

이 글에서는 건축가의 건축 작품 이야기보다 건축사조운동에서 영향을 받은 현대 디자인에 대해 이야기해 볼까 한다. 보통 건축이 예술의 근본을 이룬다는 이야기를 많이들 한다. 그만큼 건축이 다른 분야에도 많은 영향을 주고 있다는 의미다.

지금부터 이야기할 애플, 브라운, 현대카드 등 디자인을 중요하게 여기는 회사들을 이야기하려면 '바우하우스BAUHAUS'라는 단어를 빼놓을 수가 없다.

애플하면 심플한 디자인이 머리에 떠오를 것이다. '단순함이란 궁극의 정교함이다'라는 디자인 철학으로 전 세계 소비자들의 마음을 사로잡은 애플 디자인의 원천은 어디일까. 스티브 잡스는 자신의 전기에서 바로 애플 디자인의 원천이 독일의 바우하우스 양식에 기반을 두었다고 이야기했다.

잡스는 원래 검정색으로 마감한 소니 스타일의 유선형 디자인을 선호했다. 하지만 1980년대 초 국제 디자인 콘퍼런스에 참석하고 나서 마음이 바뀌기 시작했다고 한다.

잡스는 '디자인은 표현 정신을 담으면서도 단순해야 한다'는 바우하우스의 스타일에 매료되어 이와 같은 디자인이 앞으로 소위 '뜰' 것으로 예측했다. 아마도 대량생산으로 이어지는 매뉴얼 디자인에 세련된 감각을 가미한 무표정한 디자인에 매료되었을 것이다.

그는 당시 강연에서 "소니의 하이테크 스타일은 쉽지만 위대하지는 않다"며 "우리는 우중충한 소니의 산업 스타일을 버리고 깔끔한 패키지에 제품을 담아 소비자들이 패키지만 보고도 하이테크 제품인줄 알게 할 것이다"라고 했다.

잡스는 '디자인은 표현정신을 담으면서도 단순해야 한다'는 바우하우스의 스타일에 반해 이런 디자인이 대세가 될 것이라는 확신을 가졌던 것이다. 여기서 놀라운 것은 잡스가 이런 생각을 한 것이 30여 년 전이었다는 사실이다. 애플의 디자인이 아주 기본적인 형태의 옛것으로 보이면서도 세련되었다는 느낌을 주는 이유가 바로 여기에 있다.

독일 산업디자인의 역사에서 빼놓을 수 없는 회사가 있다. 바로 가전제품 생산업체인 브라운Braun이다. 디터 람스*는 바로 독일 디자인의 르네상스라고도 일컬어지는 1960년대에 브라운을 이끈 세계적인 디자이너다. 디터 람스는 과거 울름디자인학교Ulm Hochschule für Gestaltung에서 학생들을 가르쳤던 경험을 바탕으로 기능성functionality과 기술력technology이 결합된 제품 미학을 추구한 영향력 있는 디자이너다.

울름디자인학교는 1953년 바우하우스 정신을 이어받아 보다 진취적인 산업디자인 미학을 개척하겠다는 취지로 만들어진 학교다. 나도 울름디자인학교의 철학과 커리큘럼 등에 아직도 많은 부분 영향을 받고 있다. 이 학교는 건축뿐만 아니라 디자인, 연극 등 진보적인 응용예술을 가르친 혁신적인 교육기관이었다.

애플의 수석 디자이너 조너선 아이브Jonathan Paul Ive가 디터 람스의 디자인에서 영감을 얻어 아이폰의 원형을 디자인했다는 이야기는 유명하다.

---

* 디터 람스 Dieter Rams

1932년 독일 태생 디자이너. 제2차 세계대전 후 비스바덴공작미술학교에서 건축을 공부했다. 1961년에 브라운사의 수석 디자이너가 된 디터 람스는 레코드플레이어 SK-4, 고화질 슬라이드 프로젝트 D시리즈 등 디자인 역사상 중요하다고 손꼽히는 다양한 제품들을 내놓았다. 그가 디자인한 다양한 생활가전제품들은 미술관에서 소개할 정도로 작품의 반열에 올랐다. 심플하면서도 정갈한 아름다움을 추구하면서도 기능적인 면을 놓치지 않은 그의 작품은 디자인 학도들의 영원한 교과서다.

바우하우스의 연장선에 있는 디터 람스의 디자인이 아이폰을 현실화시키는데 큰 영향을 미쳤다는 이야기다. 디터 람스의 디자인을 찾아보면 뭔가 애플의 제품과 공통점이 있다는 것을 은연중에 발견할 수 있다.

국내 기업 중에서 디자인에 관해 남다른 철학을 가지고 있는 대표적인 곳이 바로 현대카드다. 현대카드의 행보는 늘 관심을 불러일으킬 뿐만 아니라, 그 효과도 대단하다. 현대카드의 정태영 대표이사 역시 디자인 철학을 말할 때 바우하우스로부터 많은 영감을 받았다고 말한다. 몇년 전 문을 연 북촌의 현대카드 디자인 라이브러리가 선정한 도서들을 보면 바우하우스 이후의 디자인 관련 책들을 집중 조명했다는 것을 알 수 있다. 라이브러리가 소유한 도서 목록만 보아도 대표가 바우하우스의 팬이라는 것을 짐작할 수 있다. 이 라이브러리는 디자인을 전공하는 학생들과 전문가, 일반인에게 아주 인기 있는 곳이다. 현대카드는 건축을 통해 기업 마케팅을 하는 좋은 사례로 늘 회자되고 있다. 디자인은 세련된 것이고, 디자인에 관심 있는 사람이라면 바우하우스에 관심이 있고, 바우하우스를 연구하려면 디자인 라이브러리에 와야 하고, 그러려면 현대카드가 있어야 하는 것이다. 단순히 현대카드를 소지하는 것이 중요한 것이 아니라, 현대카드를 소지한다는 것 자체가 '세련된 행위'라고 대중들이 인식하는 것이 중요한 것이다. 현대카드는 확실히 고도의 마케팅 전략을 펼치는 기업이다.

예술과 기술,
예술과 생활을 만나게 하다

그렇다면 애플 디자인의 스승이라 할 수 있는 이 바우하우스란 어떤 사조일까? 바우하우스는 예술과 기술을 접목한 최초의 디자인운동이라고 보면 된다. 현대의 디자인은 바우하우스 전후로 나눌 수 있을 정도로 바우하우스는 중요한 사조이며, 현대 디자인의 프로토타입prototype이라 해도 과언이 아니다.

1900년대 초반, 산업화가 진행되면서 건축 분야에도 다양한 변화가 나타났다. 그중에서도 특히 바우하우스운동은 보기 드문 강력한 건축운동이자 창작의 흐름이었다. 근대화의 기치 아래 사회 참여를 내세우며 등장한 바우하우스운동은 이전과는 전혀 다른 양상을 보여 주었다. 19세기 중반 무렵부터 건축가에게 새로운 조형 개념을 지향하는 건축 이데올로기가 제시되었던 것이다.

　　바우하우스Bauhaus는 '집을 짓는다'라는 뜻의 'Hausbau'를 도치해 만든 말로 '건축의 집'이라는 의미다. 이 말에는 제1차 세계대전으로 집을 잃은 수백만 명의 가난한 사람들에게 현대식 집을 지어 주겠다는 바우하우스의 교장 발터 그로피우스**와 동료들의 의지가 담겨 있다. 바우하우스의 역사는 건축가 발터 그로피우스가 교장으로 있던 공예학교가 독일미술학교와 통합되면서 시작되었다. 그 즈음 독일에는 산업디자인의 질을 높이기 위해 미술과 공예를 산업과 접목해야 한다는 생각이 널리 퍼지고 있었다. 바우하우스는 이러한 상황에서 건축을 주축으로 예술과 기술을 종합하려는 시도를 했다.

　　바우하우스는 근대 기술의 중요성을 인식하고 이론과 실습을 병행하면서 예술과 생활 형식의 통일을 추구했다. '살롱미술'로 전락해 버린 건축 정신을 회복하려고 했던 바우하우스는 기계에 의한 대량생산 방식을 적극적으로 도입했으며, 미술 개념의 건축에서 산업과 디자인의 결합으로서의 건축을 표방하기 시작했다.

** 발터 그로피우스 Walter Adolph Gropius

1883년 독일에서 태어난 건축가이자 산업디자이너. 1919년에 바우하우스를 설립했고, 건물 설계는 물론 초대 교장을 역임했다. 나치를 피해 미국으로 건너간 후에는 미국 하버드대학교 대학원에서 건축을 가르치며 후학을 길러 냈다. 그가 설립한 바우하우스는 20세기 산업디자인의 시작이라 불릴 정도로 디자인 역사에서 중요한 위치를 차지한다. 그로피우스는 바우하우스를 "본질적으로 대량생산에 적합하며 우리 시대의 전형적인 상품들의 원형을 조심스레 개발하고 끊임없이 개선하는 실험실"이라 정의했다. 그의 대표작으로는 바우하우스, 하버드대학교 대학원센터, 바그다드대학교, 팬아메리칸월드항공사 빌딩 등이 있다.

이후 바우하우스 교육은 재료 연구와 기초 조형에서부터 출발해 서서히 종합예술로 나아갔다. 그로피우스가 제안한 '산업과 예술의 결합'은 근대건축의 거장 루트비히 미스 반 데어 로에***이하 미스 반 데어 로에가 바우하우스 교장으로 부임하면서 더욱 강화되었다. 미스 반 데어 로에가 지휘하는 바우하우스에서는 그래픽디자인, 세라믹, 금속 세공 등의 강좌가 개설되었고 새로운 건축에 대한 연구도 이루어졌다. 하지만 바우하우스를 이끌던 사람들은 나치정권에 의해 강제 해산되었다. 이후 그들은 전 세계적으로 뿔뿔이 흩어졌다. 그로피우스는 하버드대학교에서, 미스 반 데어 로에는 일리노이공과대학교에서, 라슬로 모호이-너지****는 프랫인스티튜트에서 교편을 잡게 되었는데, 이 세 곳 모두 건축·디자인을 가르치는 세계의 명문이 되었다.

*** 루트비히 미스 반 데어 로에 Ludwig Mies van der Rohe

1886년 독일에서 태어난 건축가로 정규 건축 교육을 받은 적이 없지만 20세기를 대표하는 건축가로 손꼽힌다. 1930년대 초반에 독일 바우하우스의 교장을 역임했으며, 1937년 미국으로 망명한 후에는 미국 일리노이공과대학교에서 건축을 가르치기도 했다. 유리와 철강이라는 소재에 특히 관심이 많았으며, 대표작으로는 바르셀로나 만국박람회 독일관, 튜게트하트저택, 판즈워즈저택, 뉴욕 시그램빌딩 등이 있다.

**** 라슬로 모호이-너지 Lászlo Mohóly-Nagy

1895년 헝가리에서 태어난 화가. 1919년에 오스트리아 빈으로 가서 구성주의를 처음 접하게 되었고, 1920년 베를린으로 이사해 다다이즘을 알게 되었다. 그는 사진에도 관심이 많았고, 종이 콜라주 작품을 만들면서 이를 회화로 옮기기도 했다. 1923년에는 바우하우스에서 학생들을 가르치며 구성주의 양식을 바우하우스에 소개하는 역할을 했다. 사진, 인쇄, 조소, 회화, 산업디자인 등 예술의 여러 영역에서 다양한 활동을 펼친 화가로 유명하다.

진정한 융·복합을 향하여

바우하우스의 의미는 기술을 표면 위로 끌어올려 디자인과 접목될 수 있도록 계기를 만들어 주었다는 데 있다. 최근 바우하우스를 재해석하려는 흐름이 있다. 바우하우스의 근대건축 이념은 현대건축의 척추를 이루는 사조로, 예술과 공학의 갈림길에 서 있는 건축을 과감히 이론화하여 양쪽을 모두 수용했다고 할 수 있다. 아마 '통섭通涉'이 이런 것을 설명할 수 있는 개념이 아닐까 한다. 과거에는 기술과 예술이 각기 다른 분야이기 때문에 서로 소통하기 어렵다는 인식이 지배적이었지만 바우하우스는 이 둘을 만나게 했다.

산업과 예술이 만나 훌륭한 디자인과 멋진 공간을 탄생시키는, 통섭의 장으로 이끌어 주는 바우하우스의 이념은 현 시대에도 통용되는 변하지 않는 진리다. 어쩌면 우리는 새로운 바우하우스 이념이 일으키는 소용돌이 안에서 살고 있는지도 모른다. 컴퓨터 기술과 축조 기술이 발달하면서 이제 과거 건축 방식은 물론 도시의 경관도 완전히 바뀌었다.

기능을 디자인해야 하는 바우하우스의 정신은 제품디자인 영역에서뿐만 아니라 경영 분야에도 많은 시사점을 던져 준다. 바우하우스가 우리에게 던져 주는 또 다른 중요한 메시지는 바로 실용성이다. 바우하우스는 '기능이 디자인되어야 한다'며 실용주의를 강조했다.

디자인은 가장 직관적이고 실용적이며 아름다워야 하며, 최고의 시대 가치를 담아야 한다고들 한다. 경영도, 어떤 제품을 생산해 소비자들에게 내놓는 일도 마찬가지라는 생각이 든다. 경영도 바우하우스의 개척정신과 예술 정신을 다시금 되새겨야 할 때다.

위 : 바이바르에 있던 학교를 데사우로 이전하면서 발터 그로피우스가 세운 건물로
모더니즘 건축의 정수를 보여 준다는 평가를 받는다. ⓒ LianeM
아래 왼쪽 : 계간으로 발행된 바우하우스의 공식 잡지인 〈바우하우스〉. 월간 〈디자인〉 2016. 3.
아래 오른쪽 : 발터 그로피우스 교장이 설계한 뉴욕의 팬아메리칸월드항공사 빌딩.

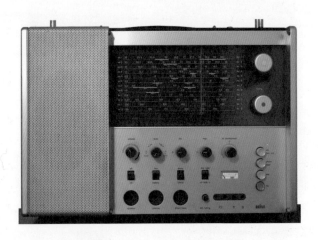

디터 람스의 대표작 브라운사의 T1000CD와오디오 SK61
© Benjamin Heinecke, xavax

바우하우스는 애플 디자인의 스승이자 원천이라 할 수 있다.

현대건축의 뿌리,
르코르뷔지에

건축 입문자들이 반드시 알아 두어야 할
르코르뷔지에 이야기

피카소는 알아도 르코르뷔지에라는 이름은 처음 들어본다는 사람들이 있을 것이다. 하지만 미술에 관심 있는 사람들이 피카소를 알아야 하듯, 현대건축을 이해하려면 르코르뷔지에의 이름을 그냥 지나칠 수는 없다. 산업화 이후 근대화가 되면서 건축은 급격히 바뀌었다. 그리고 우리는 르코르뷔지에가 만들었던 건축의 영향권에 여전히 살고 있다. 르코르뷔지에의 작업은 현대건축을 이해하는데 필수적이다. 책을 마무리하면서 르코르뷔지에의 건축 세계를 개괄하는 것은 현대 도시와 건축을 더 잘 이해할 수 있게 해 주는 계기를 마련해 줄 것이다.

다방면에서 능력을 발휘한
건축계의 모차르트
르코르뷔지에

건축계에서 말하는 세계 3대 거장이 있다. 미국을 대표하는 프랭크 로이드 라이트, 독일 출신 미스 반 데어 로에, 그리고 프랑스의 르코르뷔지에다. 이 세 명은 전 세계 근대건축에 가장 큰 영향을 준 건축가다. 건축을 몰라도 한 번쯤은 들어보았을 이름이지만, 아직 우리나라에서는 생소한 거장들이다. 산업혁명 이후 건축은 급격히 변했고, 근대도시 만들기 프로젝트에 각종 이데올로기와 철학, 기술이 동원되었다. 이 세 명의 거장은 근대도시가 만들어지는 과정 중에 건축의 방향을 제시했고, 미래를 그려 냈다. 3대 건축 거장들의 작품을 살피다 보면 자연스럽게 건축이 보이기 시작하고, 그들의 건축을 통해 그 시대의 예술 정신, 사회성, 공학의 수준, 철학 등도 엿볼 수 있다. 거장들이 활동하던 시대 이후에 그들의 영향을 받은 후세의 현대 건축가들의 작품도 그들의 작품을 접하다 보면 자연스럽게 이해할 수 있다.

거장 중에서도 르코르뷔지에는 단연 혁신적인 건축가였다. 1999년 〈타임〉지는 '20세기의 100인'이라는 특집기사를 통해서, 파블로 피카소Pablo Picasso, 이고르 스트라빈스키Igor Stravinsky, 찰리 채플린 Charles Chaplin 등 각 분야의 대표성을 지닌 인물들을 선정했다. 이 기사에서 건축 분야의 대표로 르코르뷔지에가 뽑혔다. 이론적으로나 예술적으로나 경지에 올랐다는 평가를 받은 르코르뷔지에는 집필과 강의, 각종 예술 활동을 펼치며 20세기 건축의 헤게모니를 장악했고, 기성 건축의 문제점을 철저하게 비판하면서 새로운 대안을 제시했다. 건축은 물론이고 가구, 도시계획까지 다방면에서 왕성한 활동을 펼친 르코르뷔지에는 건축 설계는 물론 시집을 포함한 40권 이상의 저작을 집필했고, 회화와 조각 작품 제작 등 여러 방면에서 커다란 업적을 남겼다. 시대정신을 이끌었다고 할 수 있는 르코르뷔지에는 과연 어떤 사유와 철학을 그의 건축 세계 속에 담아 낸 것일까? 과연 그가 살았던 시대에는 그의 건축을 어떻게 받아들였을까?

일본의 건축가 쿠마 켄고*는 그의 저서 《약한 건축》에서 거장 건축의 혁신성에 대해 다음과 같이 이야기했다. "르코르뷔지에도 미스 반 데어 로에도 당시의 정통 건축 교육기관이었던 에콜데보자르 École des Beaux-Arts의 교육을 받지 않았고, 국가가 부여하는 권위와 보장과는 인연이 없었다. (중략) 보자르에서 가르치고 있던, 두꺼운 벽에 폐쇄적이고 무거운 기념비적인 건축물을 어떻게 완전히 부정할 수 있을까? (중략) 르코르뷔지에는 장식 없는 하얀 벽과 기둥으로 만든 창이 크고 밝은 건물처럼, 눈에 보이는 새로운 건축 언어로 보자르 건축을 비평했다." 이렇듯, 거장 건축가는 그 시대의 관행과 질서에서 과감히 벗어나 새로운 대안을 제시하는 모험을 감행했다. 다른 분야 거장들의 탄생과 배경을 살펴보면 이와 비슷하다는 것을 알 수 있다.

건축을 시작할 때 귀에 못이 박히도록 들어야 하는 이름, 르코르뷔지에. 최근 그의 작품이 다시 거론되면서 재평가되고 있다. 르코르뷔지에만큼 근대에 건축가로서 예술가로서 건축사에 큰 영향을 끼친 건축가는 없다.

나도 개인적으로는 가장 영향을 많이 받은 사람이 르코르뷔지에이며 그의 작품을 항상 깊이 연구해 왔다. 르코르뷔지에는 시대참여적인 이론을 장인정신과 함께 자신의 작품에 녹여 낸 바른 건축가의 모범이며 근대건축 역사의 산 증인이기도 하다. 그의 작품에는 마치 모차르트의 음악처럼 파격적이고 진보적이며 계몽적이면서도 타협하지 않는 정의로움이 깃들어 있다.

시대를 앞서 나간
천재 예술가

르코르뷔지에는 스위스 북쪽 라쇼드퐁 La Chaux-de-Fonds에서 태어났으며, 본명은 샤를 에두아르 잔느레Charles-Édouard Jeanneret다. 원래 미술을 하고 싶었던 청년 르코르뷔지에는 샤를 레플라토니에 Charles L'Eplattenier로부터 건축가가 되어 보라는 조언을 듣는다. 그리고 주변의 수많은 도시의 건축을 직접 보면서 건축에 대한 역사는 물론 도시와 환경 등을 경험했다. 그러면서 건축에 대한 본인만의 개념을 확고하게 정리해 나갔다. 고향 스위스를 떠나 파리로 진출한 그는 본격적으로 건축 공부를 시작했다.

르코르뷔지에는 철근 콘크리트 구조의 선구자로 불리던 오귀스트 페레**의 설계사무실에서 콘크리트에 대한 실무를 배우며 콘크리트라는 재료에 대한 공부를 했다. 젊은 르코르뷔지에는 파리에 머물면서 파리라는 유서 깊은 도시의 예술과 전통에 대해 공부했고, 철학과 문학 서적 등을 탐닉했다. 또한 건축 역사와 공학 관련 지식도 흡수했다. 이 시기는 르코르뷔지에가 건축가로서 갖추어야 할 자질을 하나씩 습득했던 때라 할 수 있다. 이 와중에 르코르뷔지에는 독일을 관심 있게 보기 시작했다. 그는 독일로 건너가 독일공작연맹의 사람들과 교류하며, 산업과 예술의 협력관계에 주목하기 시작했고, 독일의 응용예술분야의 혁신에 깊은 감동을 받았다.

어쩌면 프랑스에서 만났던 순수예술에 대한 이해, 독일에서 보았던 예술과 산업과의 융·복합에 대한 이해가 접목되면서 비로소 르코르뷔지에의 건축 철학이 완성되었는지도 모르겠다. 한마디로 예술로 시작해서 공학으로 연결되는 생각의 공유점을 만들었던 것이다. 르코르뷔지에는 본인을 예술가라고만 생각하지 않았다. 왜냐하면 산업과 예술이 접점을 이루는 곳에서 혁신적인 건축이 나온다고 믿었기 때문이다. 그래서 그는 건축가architect이면서 빌더builder로 불리는 것이 당연하다고 생각했을 것이다. 하지만 르코르뷔지에는 예술을 이야기할 때는 그 누구보다도 철저하게 고전과 철학에 대한 이해를 바탕으로 했다. 결국 한 명의 천재는 어느 한 분야에 한정해서 말하기 어렵다는 것을 르코르뷔지에는 보여 주고 있다. 그는 한 시대를 이끈 혁신적인 천재였다.

르코르뷔지에는 1917년 30세 때부터 파리로 완전히 거처를 옮겼고, 여기서 건축가로 활동을 개시했으며 동시에 순수주의 회화를 주도한 미술 활동도 겸했다.

르코르뷔지에는 건축가가 되긴 했지만 세상을 떠날 때까지 미술과 조각에 대한 열정과 집념을 버리지 않았다. 프랑스어로 'Le'는 유일하거나 위대함을 지칭하는 하나의 관사인네, 르코르뷔지에는 개명하면서 '르'라는 단어를 사용했다. 그리고 그는 이름만큼 유명한 건축가가 되어 버렸다.

르코르뷔지에는 보통 건축가들과는 행보가 사뭇 달랐다. 그는 1919년에 〈레스프리 누보l'esprit nouveau〉라는 국제 미학 잡지를 발간하면서 해외에도 이름을 알리기 시작했고 아방가르드의 선두 주자로 본격적인 활동을 개시했다. 건축보다 진보적인 글로 세상과 먼저 소통하기 시작한 것이다. 그는 이 잡지를 통해 사회에 자신의 사상과 철학을 이야기하며 건축에 대한 화두를 던졌다. 르코르뷔지에는 신분을 감추고 필명으로 활동하며 프랑스의 보수 예술 관계자들의 비판과 비난을 피해 있다가 1922년에 '300만 거주자를 위한 현대 도시 계획안'이라는 충격적인 도시 계획안을 발표하면서 세상에 본격적으로 얼굴을 알리기 시작했다. 그는 이후 건축 활동과 함께 출판 활동도 활발하게 펼쳤고, 근대건축 국제회의를 창립해 이끌기도 하고, 해외에 나가서 건축 및 회화 전시, 강연 활동도 병행했다. 르코르뷔지에의 이러한 활동은 요즘 현대 건축가들이 보여 주는 활동의 하나의 패턴을 제시했다고 해도 과언이 아니다. 현대의 건축가는 다른 아티스트들과는 달리, 강연, 출판, 각종 국제회의 등의 활동을 항상 병행한다. 세계적으로 주목 받고 있는 유명 건축가들의 행보도 르코르뷔지에의 영향을 직간접적으로 받았다고 볼 수 있다.

"건축은 인간의 생활을 담는 기계"라는 유명한 말을 남긴 르코르뷔지에는 1965년 심장마비로 세상을 떠났지만 지금도 여전히 그에 대한 연구가 이루어지고 있다. 그만큼 후세의 건축에 미친 영향이 크다는 것이다. 건축을 통해 사회 혁신을 도모한 천재 예술가이자 사상가였던 르코르뷔지에는 미켈란젤로에 버금가는 예술가로 추앙받고 있다. 프랑스로 귀화했지만 스위스 지폐의 모델이 될 정도로 스위스에서는 그를 자랑스럽게 여긴다.

건축은 구조에서부터 시작된다, 도미노Dom-ino 구조

르코르뷔지에는 건축에 입문할 때 오귀스트 페레의 사무실에서 실무를 경험했다. 건축을 전공하지 않고 미술로부터 출발한 르코르뷔지에는 구조에 대한 이

해와 지식이 부족했다. 그렇기 때문에 페레의 사무실에서 구조와 콘크리트라는 재료에 대해 경험할 수 있었던 것은 그를 더욱 구축의 개념이 확실한 건축가로 만들어 주는 배경이 되었다. 르코르뷔지에는 자신의 건축 구조를 뒷받침해 준 구조공학자 뒤부아와 함께, 앙네비크가 특허를 받았던 구조 시스템을 더욱 발전시켰다. 도미노 구조 시스템이라 이름 붙인 이 시스템은 제1차 세계대전이 끝난 이후에 재건 프로젝트에 적용될 유동적이고 표준화된 구조 시스템으로, 빠른 기간 내에 값싼 공사비로 지을 수 있는 시공 방법을 표방하고 있다.

도미노 구조 시스템은 가로세로 6X9미터의 바닥에 슬라브slab, 건축물 등 구조물이 수평인 판상板狀의 부분를 쌓고, 4미터 간격으로 세운 6개의 기둥이 구조 역할을 하면서 계단, 기둥, 슬라브 등이 각각 독립적으로 시공되는 방식이다. 요즘에야 너무나 당연한 구조 방식이지만, 그 당시로서는 아주 파격적인 방식이었다. 이 시스템으로 인해 결국 기둥 바깥쪽은 구조로부터 자유로운 건축 마감재의 향연장이 되었고, 벽돌을 자유롭게 사용할 수 있게 되면서 내부 평면 구성 역시 자유롭게 할 수 있게 되었다. 양산건축 시스템의 초석이 된 것이다.

인간의 신체 비례를 보여 주는 건축, 모듈러이론

르코르뷔지에의 이론 중 가장 유명한 것이 바로 후세에 큰 영향을 끼친 조형 비례 이론 '모듈러이론'이다. '황금분할'과 인체를 결합한 모듈module, 전체·조직을 이루는 구성 요소 구성 또는 단위의 원리를 건축에 적용한 것이 바로 르코르뷔지에의 모듈러이론이다. 그는 인체를 기준 치수로 '모듈'화한 인간을 위한 건축을 추구했다. 마르세이유에 있는 집합주택인 유니테다비타시옹Unité d'Habitation은 인체 모듈을 시험적으로 사용한 작품으로 내부의 부분에 이르기까지 모두 황금비를 적용하여 인체와 비례적 조화를 이루도록 계획했다.

르코르뷔지에는 모듈러에 맞추어 길이 165미터, 높이 56미터, 폭 24미터의 거대한 매스 안에 337세대가 거주하는 신개념 주거를 제안했다. 독신자에서부터 대가족에 이르기까지 가족의 형태에 따라 23가지 유형이 나올 정도로 연구에 연구를 거듭해 도출한 건축 형태였다. 중간층에는 단지 내 상가가 배치되어 있고, 옥탑에는 유치원에서부터 운동시설, 심지어 옥상 조깅 트랙까지 갖춘, 그야말로 당시에는 파격적인 주거시설이었다.

이 건물은 거대하지만 인간적 모듈에 의해 계획되었기 때문에 인간미가 느껴지는 건축물이다. 거대한 건축이 인간적인 스케일로 느껴진다니, 참 신기한 일이 아닐 수 없다. 바로 이것이 모듈러의 힘이다. 우리네 판상형아파트板狀型, 한 곳을 바라보며 일자형으로 배치된 형식의 스케일만 거대하고 비인간적인 비례를 생각해 보면, 수십 년 전에 만들어진 유니테다비타시옹의 건축 개념이 얼마나 진보적인 것이었는지 잘 알 수 있다. 르코르뷔지에의 개념을 우리가 조금이라도 차용했다면 지금의 아파트 문화는 존재하지 않았을지도 모른다. 게다가 모듈러이론은 대량생산이라는 근대건축의 주요 개념에 입각한 사회적 당면과제를 해결할 때, 보편적으로 적용할 수 있는 치수 시스템의 요구에도 부응하는 것이었다. 우리는 이 작품에서 르코르뷔지에가 가지고 있었던 인간성 회복과 자연 회귀 본능을 엿볼 수 있다. 유니테다비타시옹 옥상의 자유로운 조형은 풍부한 상상력을 자극하고 있으며, 규범을 벗어난 자유로움을 느낄 수 있다. 이 옥상 조형의 영향을 받은 건축으로 김수근의 타워호텔 옥상을 꼽을 수 있다.

모더니즘이 요구하는 생산성, 합리성, 효율성, 기능성에 입각한 이 모듈러이론은 후에 많은 건축가들에게 영향을 미쳤고, 건축의 방향을 전환시키는 계기가 되었다. 모듈러이론은 독일의 바우하우스운동과 함께 양산체제에 맞는 건축 개념을 발전시킨 것이라는 평가를 많이 받았다. 일시적으로 비인간적이고 기계적이라는 비난은 있었지만, 여전히 그의 조형 개념은 절대적이었다.

근대건축의
다섯 가지 원칙

르코르뷔지에는 1920년부터 그 전과는 확연히 다른 주택 건축을 선보였다. 사실 이전에는 고향을 중심으로 10대 후반부터 고향과 인근 지역의 주택 설계를 맡기는 했으나 지역 건축 정도의 수준이었다. 하지만 몇 차례의 건축답사여행, 아방가르드와의 만남, 프랑스와 독일에서의 건축 실무 경험 등이 토대가 되어, 1920년 이후부터 본격적으로 그의 건축 세계에 변화가 찾아오기 시작했다. 이때부터 전에는 전혀 볼 수 없었던 '백색 상자'가 출현한다. 이 마법의 상자는 순수 회화처럼 기하학 구성과 추상적인 디자인 어휘로 단숨에 아방가르드 추종자들의 시선을 끌었고, 열렬한 지지도 받았다. 화가 아메데 오장팡***과 함께 순수주의 회화를 주창하며 그 정신을 충실히 지키려 한 르코르뷔지에는 브크레송주택과 오장팡자택을 설계하며 주택 설계에 있어서 대 변환기를 맞이한다. 이 시기는 어쩌면 르코르뷔지에가 거장 건축가로서의 면모를 슬슬 갖추기 시작한 때라고도 할 수 있다.

르코르뷔지에가 부모님을 위해 지은 폭 4미터, 길이 15미터, 약 66제곱미터가 채 안 되는 작은집 건축을 통해 그는 자신의 이론과 주장을 증명하는 건축을 했을 뿐만 아니라, 자신의 작품이 삶과 조화를 이루는 인본적인 건축의 수준에 오른 시스템적인 건축이라는 사실을 보여주었다. 현재 르코르뷔지에재단 건물로 사용되고 있는 라로슈잔느레주택, 파리종합기본계획의 주거 단위로 산업재료를 이용한 주거건축의 표준화 가능성을 보여 준 신정신관 등 그의 주택 실험은 계속되었다.

이러한 실험들이 결국 근대건축의 5원칙을 만드는 동기가 되었다. 이 이론을 충실히 적용한 첫 번째 주택이 바로 독일 공작연맹과의 인연으로 만들게 된 바이센호프주택이었다. 결국 바이센호프주택은 거장 건축가가 주택 설계를 통해 보여 준 실험정신과 예술성, 기술성으로 인해 아직도 높은 평가를 받고 있다. 지금도 이 주택단지는 여전히 인기가 높으며 잘 보존되어있다. 유럽 여행길에 한 번쯤은 꼭 들러보길 권한다. 르코르뷔지에는 1929년에 근대건축의 5원칙의 최종 결정판이라고 할 수 있는 사보아주택을 완성한다. 르코르뷔지에는 사보아주택Villa Savoye을 통해 자신의 설계 방법을 정리했는데, 철근 콘크리트에 의한 도미노Dom-ino 시스템을 근거로 1926년에 근대건축의 5원칙을 완성했다. 근대건축의 5원칙은 '필로티, 옥상정원, 자유로운 평면 구성, 자유로운 입면, 가로의 수평창'으로, 각각의 의미를 살펴보면 다음과 같다.

① 필로티는 도시와의 연계를 위해 1층을 개방공간으로 둔다.
② 1층에 있던 대지의 기능을 옥상으로 옮겨 옥상정원을 만든다.
③ 건물 내부를 개방형 평면으로 구성하고 구조체로부터 제한을 받지 않고 칸막이 벽 등을 활용해 융통성 있는 평면 구성을 한다.
④ 구조를 뒤에 숨겨 자유로운 입면 구성을 가능하게 한다.
⑤ 구조의 제약에서 벗어난 기다란 수평 창을 통해 건물 내부로 햇빛이 고르게 들어오게 한다.

지금에 와서 생각해보면 너무나 당연한 이론 같지만, 당시 시대 상황을 고려했을 때는 '발명'에 가까운 건축 개념이었다. 기본적으로 철근 콘크리트 구조를 사용해 벽을 지지체가 아닌 공간 구획 요소로 사용할 것을 제안한 것으로, 이 원칙 때문에 19세기 파리의 답답한 석조 시가지 주택의 일반적인 개념을 뒤엎는 건축을 구상할 수 있게 되었다. 사실 구조체와 분리되어 자유로운 평면과 입면을 구성할 수 있었던 것은 오귀스트 페레의 영향이 컸다. 1909년부터 1910년 사이 르코르뷔지에는 그의 밑에서 철근 콘크리트 사용법을 배우기 시작했다. 페레는 개개의 철근 콘크리트 기둥을 연결시켜 칸막이 벽을 자유로운 평면으로 구성했고, 각 면을 각각 독립된 단위로 설계해 평면 계획의 융통성을 보여 준 사람이기 때문이다. 근대건축의 5요소는 아직도 철저히 적용되고 있으며, 현대건축에 적용되면서 진화하고 있다. 최근 옥상정원을 많이 꾸미는 추세인데, 이러한 옥상정원 개념 역시 놀랍게도 르코르뷔지에가 1세기 전에 주창한 것이다.

하지만 르코르뷔지에의 주택의 놀라운 실험성은 적지 않은 부작용도 낳았다. 계속되는 누수 등으로 인해 건축주가 르코르뷔지에를 상대로 법정 소송을 벌이기도 했다. 하지만 이러한 문제는 사보아주택의 실험정신과 건축의 역사적 가치를 압도하지는 못했다. 1965년 사보아주택은 프랑스 역사 공식 기념물로 등재되었다. 현재도 많은 사람들이 여전히 이 사보아주택을 방문하여 당시의 근대건축의 5원칙이 충실하게 지켜진 르코르뷔지에의 건축 세계를 직접 눈으로 확인하고 있다.

공간의 낭비를 비판한
새로운 가구 철학

르코르뷔지에의 가구를 말할 때 꼭 언급되는 중요한 사람이 있다. 바로 샤를로트 페리앙이다. 그는 르코르뷔지에가 의욕적으로 혁신적인 주택 작품을 발표하던 초기에 그의 사무실에 합류한 사람이다. 르코르뷔지에는 가구를 현대건축의 장비equipment의 하나로 규정했으며, 의자나 테이블 외에는 전부 수납장이라고 하면서 가구는 건축디자인의 최종 마무리 단계의 과정에 속한 것이라고 생각했다. 페리앙은 이러한 르코르뷔지에의 가구 이론을 충실히 구현해 나갔다. 르코르뷔지에의 유명한 긴 라운지체어, 미니멀한 스틸 구조가 돋보이는 소파 시리즈, 심지어는 유니테다비타시옹에 적용되었던 주방가구와 각종 수납장까지. 르코르뷔지에와 페리앙이 만들어 낸 가구와 붙박이 수납장의 결과물은 가히 획기적인 것이었고, 그 이전의 장식적인 가구와는 차원이 달랐다. 페리앙의 가구디자인은 르코르뷔지에의 것과는 별도로 뒤늦게 높은 작품성을 인정받기도 했다.

박물관에 근대를 입힌
무한성장박물관 개념,
도쿄서양미술관

르코르뷔지에가 활동하던 당시의 박물관들은 하나같이 전부 과거지향적이었고, 당시의 유명 건축가들마저도 쉽게 이런 고정관념을 깨지 못했다. 르코르뷔지에는 박물관이야말로 타파해야 할 전근대적인 생각이 집약된 건축물이라고 규정하면서, 인도와 일본에서 몇 번의 시도를 계속하다가 결국 새로운 박물관 건축의 전형을 세상에 내놓았다. 바로 무한성장박물관 개념이다.

이 단순한 상자형 건물 안에 르코르뷔지에의 혁신적인 건축 개념이 녹아들어 있다. 이곳은 이름 그대로 '점점 팽창하는' 박물관이다. 이 박물관은 자연광과 동선의 연계를 매우 중요하게 여기고 있는 곳으로, 단순한 형태 안에서 자유로운 평면 구성에 의한 연속적이고 융통성 있는 근대적 공간 특성이 구현될 수 있도록 했다. 무한성장박물관의 특이한 점은 박물관을 짓고 난 뒤 나선형으로 건물을 붙여 나가는 방식으로 지어졌다. 이 개념은 사실 외부 입면보다 연속성 있는 내부 공간의 기본이 될 유니트 디자인이 아주 중요하다. 르코르뷔지에는 무한성장박물관 개념을 인도 등지에서 계속 실험했는데, 현지의 특수한 날씨 상황 때문에 조금씩 변형을 가하면서 시도했다. 인도 아메다바드미술관을 지을 때는 상상을 초월한 폭염 때문에 그의 생각을 조금씩 변경할 수밖에 없었고, 인도 샹디갈미술관 작업을 할 때는 순간적으로 쏟아지는 폭우에 대응하는 배수구를 고려했고, 심지어는 천창구조를 지지하기 위해 원기둥만 있던 구조 체제를 벽식기둥_{벽 자체가 구조 기능 역할을 하는 형태}과 혼용하는 방식으로 설계를 변경하기도 했다. 그의 박물관 건축은 날씨 때문에 계속 변형되었는데, 드디어 일본에서 정리 단계에 접어들 수 있었다. 비교적 일본은 날씨 문제가 없었기 때문에 무한성장박물관 개념을 충실하게 적용해 건물을 지을 수 있었다. 간격 6.35미터의 격자형으로 배치된 원기둥 위에 올려놓은 정사각형 형태는 무한성장박물관의 기본 유니트의 특성인 다채롭고 융통성 있고,

가변적인 공간감을 드러내고 있다. 로비에 들어서자마자 가장 먼저 눈에 들어오는 경사로는 공간을 연결해 주는 산책로 역할을 한다는 것을 한눈에 알 수 있고, 자연광을 받아들이는 채광창 디자인은 이 박물관이 신개념 박물관이라는 것을 보여 주고 있다. 하지만 도쿄서양미술관마저도 원본의 훼손을 우려하여 계속해서 무한성장 개념을 적용시키지는 못했다. 결국 르코르뷔지에의 제자인 일본인 건축가 마에카와 쿠니오_{前川國男}에 의해서 건물 뒤편에 증축을 하게 되었다. 하지만 르코르뷔지에가 일본에 유일하게 남긴 그 건물은 아직도 원형을 잘 유지하고 있다.

자연을 은유한
르코르뷔지에 최고의 명작,
롱샹성당

르코르뷔지에의 작품 중에 반드시 거론해야 할 작품 중에 하나가 그가 설계한 2개의 종교건축 라투레트수도원La Tourette과 롱샹성당The chapel of Notre Dame du Haut in Ronchamp이다. 그의 대표작으로 늘 꼽히는 이 두 작품은 지금도 많은 사람들의 발길을 붙잡고 있다. 이 두 종교건축은 모두 마리-알랭 쿠튀리에Marie-Alain Couturier신부와 관련이 있다. 쿠튀리

에 신부는 1936년부터 레가메이 신부와 같이 잡지 〈아르 사크레Art Sacré〉'성스러운 예술'이라는 의미의 편집장으로 일하고 있었다. 미술을 비롯한 예술계 동향에 무관심한 기존 교단의 행보와 달리, 생명력 있는 현대예술과 개신교를 융합하려 했던 이들은 미술계와 종교계에 참신한 화두를 던진 사람들이었다. 쿠튀리에 신부는 적극적으로 예술과 교류를 시도하면서 일련의 프로젝트를 도모했다. 그중에 하나가 바로 당대 최고의 건축가였던 르코르뷔지에에게 롱샹성당 설계를 맡긴 것이다. 하지만 르코르뷔지에는 부모가 전부 개신교였기 때문에 처음에는 난색을 표했다.

하지만 쿠튀리에 신부가 설계자가 가톨릭 신자가 아니어도 된다, 우리는 위대한 예술가가 필요하다고 르코르뷔지에를 설득했다. 2년 후에도 쿠튀리에 신부는 르코르뷔지에를 라투레트수도원의 설계자로 강력히 추천했다. 쿠튀리에 신부가 아니었다면 이 아름다운 두 개의 종교건축은 빛을 보지 못했을 지도 모른다. 르코르뷔지에 말기 대표작인 라투레트수도원과 롱샹성당은 사상과 종교를 넘어서 모두를 감동시키는 예술의 경지에 오른 작품이며, 인간이 자연을 은유해 만든 최고의 명작으로 남았다.

롱샹성당은 "자연을 기리는 기념비를 만드는 일에 일생을 바치는 것"을 건축의 목적으로 삼았던 르코르뷔지에의 생각이 구체화된 작품이다. 1955년에 완성된 롱샹성당은 빛의 형상과 비례의 유희를 잘 보여 주는, 순례자들을 위한 작은 예배당이다. 현재 1년에 두 번, 1만 2000명의 사람들이 함께 기도를 올리기 위해 이 예배당을 방문한다. 그리스 신전과 같이 푸른 하늘을 배경으로 평지 위에 서 있는 이곳에서 제식을 거행하고 있다. 이 예배당은 언덕 위에 건물을 얹은 비정형 형태를 취하고 있으며 기도하는 손이나 수녀의 머리 모자가 연상되는 건물이지만, 실제 디자인 모티브는 미국 롱아일랜드의 해안에서 주운 게의 등에서 조형의 영감을 얻었다고 한다. 당시 교회들은 대부분 각진 정방형 건물이었는데, 그의 건물은 이와는 전혀 다른 형태를 시도하고 있다.

롱샹성당은 입지부터가 남다르다. 18세기 내내 순례지였던 이 브레몬의 언덕이 1944년 나치 독일로부터 공격당해 파괴되자, 결국 네오고딕 양식의 예배당은 전소되었다. 그 예배당을 재건하기 위해 쿠튀리에 신부가 르코르뷔지에를 선택한 것이다. 쿠튀리에 신부는 유서 깊고 상징적인 순례지에 르코르뷔지에의 예술적인 감성으로 재해석된 예배당이 탄생하기를 원했다. 결국 르코르뷔지에는 '지평선의 회답', 경관의 접촉'이라는 말을 남기며 언덕 위에 최고의 걸작을 남겼다. 롱샹성당은 언덕 입구부터 자연을 배경으로 압도적인 존재감을 드러내고 있으며, 언덕을 올려다보았을 이 건물은 건축이라기보다 완벽하게 자연의 일부가 되어 있는 듯한 느낌을 준다.

르코르뷔지에의 집안 내력을 보면 롱샹성당의 조형 감각이 어떻게 해서 탄생했는지 알 수 있다. 그의 집안은 대대로 그림과 판각板刻, 나뭇조각에 그림이나 글씨를 새기는 작업에 조예가 깊었다. 그 때문인지 르코르뷔지에는 어린 시절부터 그림에 천부적인 재능을 가지고 있었고, 등산애호가이며 아마추어 식물학자였던 아버지와 스승인 샤를 레플라토니의 영향으로 어렸을 때부터 자연과 친숙하게 지내며 자연의 질서를 몸으로 익혔다. 이런 경험은 그가 자연의 질서를 인간적 질서에 의해 기하학적 관계로 건축 위에 재구성할 수 있게 해 주는 토대가 되었다. 르코르뷔지에는 근대건축가 중 가장 자연과 대화를 많이 하는 작품을 남긴 건축가다. 그래서인지 그의 작품을 보면 자연의 이치를 그대로 작품에 표현하려는 의지가 많이 느껴진다. 기계의 미학을 주장하던

르코르뷔지에의 작품 뒤에는 항상 풍요로운 지중해 자연의 고전주의 비례미학이 숨어 있다. 그의 창의적이고 풍부한 예술적 감성은 항상 자연과 함께 하는 것이었다.

롱샹성당은 야외로 열려 있는 장과 티볼리의 고대 로마 동굴 같은 기도의 장으로 구성되어 있다. 교회 내부 공간은 파격적인 외부 형태만큼이나 반전의 묘미를 느끼게 해 준다. 르코르뷔지에는 공간이 자연을 받아들이고 있다는 은유로 빛을 활용했는데, 남측으로 낸 작고 큰 불규칙적인 스테인드글라스 창은 예배당 내부에 감도는 경건함을 빛으로 표현하고 있으며, 공간을 더욱 다채롭게 해 주고 있다. 빛의 소중함과 고결함 등을 기묘하게 표현한 것이다. 롱샹성당의 지붕선과 벽면은 묘하게 떠 있는 듯 보이는데, 이러한 매스의 접합은 가느다란 틈을 통해서 들어오는 빛으로 인해 육중한 느낌이 경감된다. 게의 등 형태를 한 무거운 지붕의 조형 형태가 내부에서는 가볍게 떠 있는 듯한 형상으로 보이게 해 더욱 극적인 공간으로 만들어 주고 있다.

안도 타다오는 롱샹성당으로부터 영향을 받아 오사카에 '빛의 교회'를 만들었다. 방식은 다르지만 '빛을 내부로 끌어

들인다'는 콘셉트는 유사하다. 새롭게 재해석된 롱샹성당은 이렇듯 훗날 건축가들에게 지대한 영향을 끼쳤다. 항상 가장 아름다운 근대건축으로 손꼽히는 롱샹성당은 건축에 관심 있는 사람들을 먼 곳에서 불러 모으고 있다.

르코르뷔지에 미적 방법론의 집합체, 라투레트수도원

쿠튀리에 신부는 2년 후에 다시 르코르뷔지에게 라투레트수도원 설계를 의뢰했다. 쿠튀리에 신부는 도미니크회의 규율을 상세히 설명하며 중세 수도원의 원형을 보여 주기 위해 르코르뷔지에를 프로방스 지방의 르토로네수도원으로 안내하기도 했다. 하지만 아쉽게도 쿠튀리에 신부는 1954년 57세의 젊은 나이에 세상을 떠났다. 당시 롱샹성당은 건물을 짓고 있는 중이었고, 라투레트수도원은 착공도 하지 않았을 때였다. 결국 예술과 종교의 융합을 시도하며 르코르뷔지에가 명작을 남길 수 있게 자리를 만들어 준 장본인은 정작 자신은 그 결과를 보지 못하고 세상을 떠났다. 거장 건축가는 쿠튀리에 신부가 대신해 그가 꿈꾸던 예술세계를 현실에 구현하는 일을 마무리했다.

라쿠레트수도원은 롱샹성당처럼 도미니크회가 건축주지만, 건축의 결과는 전혀 달랐다. 하지만 기하학적인 구성과 중간 중간 르코르뷔지에 특유의 조형이 가미된 이 수도원 건축은 빛을 받아들이는 형식에 있어서 만큼은 롱샹성당과 비슷한 점이 있었다. 필로티와 수평의 긴 창 등 근대건축의 5원칙을 충실히 지킨 라투레트수도원은 중정을 감싼 ㄷ자형의 건물에 100개의 객실수도사들과 일반인들이 머무는 숙박시설, 도서관, 미사실, 식당, 예배당이 포함되어 있다. 계단을 내려가 밝은 아트리움으로 나가면 중정을 면한 통로에 큰 창이 보인다. 온듀라투르파동루버라 이름 붙은 글라스 면은 르코르뷔지에가 자주 사용하는 디자인으로, 실무자였던 건축가 겸 음악가 야니스 크세나키스****의 수학적인 사고를 표현한 디자인이다. 종교건축에 현대예술의 세계를 접목시킨 디자인으로 당시에는 아주 파격적인 것이었다.

중세의 수도원에서 회랑은 아주 중요한 건축적인 공간이다. 빛과 그림자가 투영되는 이 공간은 예배당을 향하도록 되어 있는데 라투레트수도원에도 중정을 둘러싼 44미터 길이의 긴 회랑이 중요한 건축 오브제로 만들어져 있다. 르코르뷔지에가 전통적인 수도원 건축의 요소를 재해석한 것이다. 아래보다 높은 곳에 위치한 제단의 배후에는 높이 17미터의 천정으로부터 바닥까지 우측으로 수직 틈의 개구부가 있는데, 공간을 압도하는 빛을 받아들이는 채광창 역할을 한다. 무거운 콘크리트 건축이지만, 바로 이러한 디테일 때문에 무겁지 않게 느껴진다. 제단의 오른쪽 빨간색 경사 벽은 무미건조한 콘크리트 내부 공간에 다채로움을 선사하고 있으며, 우측과 좌측의 날개 회랑에는 '빛의 주머니'라고 불리는 빛이 떨어지는 장방형 천장이 만들어져 있다. 이 천장에서 떨어지는 빛이 빨간색 검정색 노란색의 둥근 콘크리트 마감 면에 반사되어 빛의 향연을 연출한다. 엄숙한 예배당 공간 안에 자유로운 조형과 다채로운 색의 향연이 펼쳐지게 한 것이다. 한편 식당에는 빛을 머금은 녹색과 빨간색 커튼으로 이루어진 창이 있고, 각 객실에는 르코르뷔지에의 모듈러이론을 충실히 반영한 디자인이 적용되어 있다. 폭 183센티미터14실은 폭 226센티미터 깊이 592센티미터, 천장고 226센티미터의 좁고 긴 공간에 세면대와 목제 책상, 침대가 구비되어 있다. 화장실과 샤워시설은 공동이고, 자그마한 발코니는 방의 안쪽에 설치되어 공간에 리듬감을 주고 있다.

르코르뷔지에는 그의 미적 방법론의 집합체라 할 수 있는 라투레트수도원을 생애 말기인 1960년에 완성했다. 그는 이 작품을 통해 자신만의 공간 감각, 비례이론, 공간 대비와 전개를 아주 훌륭하게 표현해 냈다. 이 수도원은 평생 '기계미학'을 추구했다고 평가받는 르코르뷔지에의 이론과 반하는 인간 본연의 것을 추구한 공간 구성을 보여 주는 명작임에 틀림없다. 나도 주저하지 않고 이 작품을 르코르뷔지에의 대표작으로 꼽고 있으며, 가장 영향을 많이 받은 작품으로 이야기하곤 한다. 라투레트수도원을 돌아보면 르코르뷔지에가 "나는 인간이 가장 필요로 하는 것을 위해 일을 한다. 그것은 정숙과 평화다"라고 말한 것의 의미를 알 수 있다. 1965년 르코르뷔지에가 세상을 떠난 뒤 장례식을 거행하기 하루 전날 르코르뷔지에는 이 수도원에서 하루 동안 머물렀다. 거장의 건축가는 자신이 만든 공간에서 안락한 영적인 세계로 들어가는 기쁨을 맛보았을 것이다.

태양, 공간, 녹지, 이상적인 도시계획

르코르뷔지에는 건축뿐만 아니라, 도시 전체 이미지를 구축하는 데도 매우 의욕적이었다. 그는 1922년 살롱도톤느*****

에서 '300만 명을 위한 현대도시' 계획을 발표하면서 본격적으로 도시에 관한 그의 생각들을 펼쳐 보이기 시작했다. 1925년에는 '브아쟁계획'을 선보이며 200미터 초고층건축이 들어선 파리 중심부를 제안했고, 1930년에는 '알제계획', 1935년에는 '빛나는 도시' 계획을 연이어 발표했다. 항상 화제가 되었던 그의 도시계획 이론에는 늘 기하학적 격자 구성을 기본으로 고층건축과 '살기 위한 기계'라는 콘셉트를 담고 있는 주택군, 충분한 녹지와 자동차로부터 분리된 인간의 도로라는 요소가 출현한다. 보차분리步車分離, 보행자의 안전과 생활환경의 보호는 물론, 교통 소통을 원활하게 할 목적으로 보행자의 보행 공간과 차량의 주행 공간을 물리적으로 구분한 상태 개념은 지금 들어도 놀라운 것이다.

르코르뷔지에의 현대 도시화 이론은 지나치게 삭막하다는 비판과 함께, 파리의 구시가지를 무조건 보존해야 한다는 여론에 계속해서 부딪혔다. 하지만 그런 의견은 르코르뷔지에가 보기에 불과 50년 전에 잠깐 동안 계획되었던 제2제국 파리개조계획의 결과물일 뿐이었다. 르코르뷔지에는 당시 노출된 여러 가지 문제를 해결해야 하는 도시계획적 차원에서의 환경 개선이 필요하다고 주장을 한 것이었다. 이러한 르코르뷔지에의 야심

찬 이론 뒤에는 세상을 혁신하겠다는 그의 유토피아적 사상이 깔려 있었다. 이후 그는 드디어 인도 샹디갈도시계획을 통해 그의 꿈을 부분적으로나마 실현하기도 했다. 르코르뷔지에는 인도의 수많은 공공 청사를 디자인하면서 그의 건축 조형의 장대한 아름다움을 마음껏 보여 주었다. 그의 파격적인 건축은 일본의 단게 겐조는 물론이고 김수근에게도 큰 영향을 끼쳤다. 르코르뷔지에의 도시계획 이론은 지나치게 도식적인 근대정신의 산물이라는 비난을 받기도 했지만, 분명한 것은 그가 가장 유토피아적 도시를 상상했던 건축가라는 것이다.

르코르뷔지에는 앞에서 언급한 건축 이론 외에도 수많은 작품을 통해 많은 메시지와 교훈을 남겼다. 르코르뷔지에의 발언은 항상 도발적이고 충격적이었지만 거부할 수 없는 매력적인 근거를 갖추고 있었다. 사회를 향해 직접적으로 이렇게까지 자기 소리를 내는 건축가는 지금까지 존재하지 않았다. 그는 고전주의 교육의 장인 보자르를 비판하면서 귀족편향적인 사대주의를 부정했고, 소위 매스미디어라 할 만한 저널리즘과 출판 등을 최대한 이용해 자신의 건축관을 널리 알렸다. 후세의 건축가들 중에 르코르뷔지에의 활동에 영향을 받지 않은

사람은 아마 거의 없을 것이다.

롯본기힐스를 개발한 모리그룹의 모리 회장은 르코르뷔지에를 아주 좋아한다고 했다. 롯본기힐스를 개발할 때에도 그의 건축 철학을 많이 인용했다고 밝혔다. 모리회장은 르코르뷔지에가 남긴 스케치나 유물들을 많이 컬렉션해서 모리뮤지엄에서 전시회를 열기도 했다. 그 전시는 르코르뷔지에의 개혁정신, 예술가정신, 도시탐구정신, 구축의 개념 등을 한눈에 볼 수 있는 좋은 전시였다.

이렇게 르코르뷔지에는 건축가뿐만 아니라 예술을 사랑하는 지식인층에게도 많은 사랑을 받았고, 현재도 많은 영향을 미치고 있는 건축가다. 유럽여행을 계획한 사람이라면 르코르뷔지에의 작품만 보러 돌아다니는 투어를 기획해 봐도 좋겠다. 르코르뷔지에를 통해, 그의 건축 세계를 통해 르코르뷔지에가 살았던 시대상을 살펴보면서 그 시대가 지지했던 예술과 철학을, 르코르뷔지에가 꿈꾸었던 세상을 볼 수 있는 계기가 될 것이다.

르코르뷔지에의 작업실. ⓒ 김건희

* 쿠마 켄고 隈研吾

1954년에 요코하마에서 태어났으며, 도쿄대학에서 건축을 전공했다. 하라 히로시의 연구실에서 일한 경험이 있으며, 졸업 후 여러 설계 사무소에서 실무 경험을 쌓았다. 1990년에 자신의 이름을 건 건축도시설계사무소를 열었다. 2002년 최초의 해외 프로젝트인 '대나무 만리장성 저택'으로 국내는 물론 세계에 이름을 알리게 되었다. 쿠마 겐고는 훌륭한 건축 관련 저작으로도 이름이 높다. 2004년에 출간한《약한 건축》이 대표작이며, 계속해서 활발한 저술 활동을 펼치고 있다. 대표작으로는 JR 시부야역 리노베이션, LVMH 오사카, 가나자와 21세기미술관의 'T-Room 프로젝트' 등이 있고, 현재 도쿄대학 건축학과 교수로 재직 중이다.

** 오귀스트 페레 Auguste Perret

1874년 벨기에 브뤼셀에 태어나 1954년에 사망한 프랑스의 건축가. 지금은 너무 흔한 철근 콘크리트 구조의 개척자 중 한사람이다. 에콜데보자르에서 공부했으며, 동생인 귀스타브와 함께 파리에서 일했다. 대표작으로는 생 마로의 카지노, 샹젤리제극장, 르 랑시의 노트르담성당, 국립음악학교 등이 있으며 제2차 세계대전으로 인해 망가진 르아브르의 재건 사업에 깊이 관여했다.

*** 아메데 오장팡 Amédée Ozenfant

1886년에 태어나 1965년에 사망한 프랑스의 화가이며 미술이론가. 1918년 르코르뷔지에와 함께 최초의 퓨리즘(purisme) 선언 '큐비즘 이후'를 발표했고, 1920~1925년에 역시 그와 함께 〈레스프리 누보〉를 간행했다. 파리와 런던, 뉴욕에서 퓨리즘 이념을 바탕으로 한 미술 교육을 하기도 했다. 순수주의라 불리는 '퓨리즘'은 오장팡과 르코르뷔지에가 주도한 조형언어의 순수화운동이다.

**** 야니스 크세나키스 Yannis Xenakis

1922년 루마니아에서 태어나 2001년에 사망한 그리스 작곡가. 아테네공과대학에서 공학과 건축학을 공부하고 파리에 건너가 건축사무소에서 일했다. 공학을 전공하면서도 음악을 공부한 그는 작곡에 수학의 확률론과 컴퓨터를 도입하며 과학과 기술을 음악에 접목하는 새로운 시도를 한 사람으로 유명하다. 대표작으로는 1955년 메타스타시스, 1957년 피토프라크타 등이 있다.

***** 살롱도톤느 Salon d'Automne

'가을 전람회'라는 뜻의 프랑스 미술전. 1903년 프랑시 주르당을 중심으로 1903년에 창립된 살롱으로, 봄에 열리는 보수적인 성격의 '살롱 드 라 소시에테 나시오날 데 보자르'의 노선에 반대하며 생겨났다. 르누아르, 르동, 브라크, 피카소 등의 유명 화가들은 물론 유명 문필가들이 멤버로 활약했다. 매년 가을 파리에서 열렸으며, 이 살롱에서 포비즘(야수주의, Fauvism)과 큐비즘(입체주의, Cubism)이 탄생했다. 현재는 초기의 전위적인 성격은 약해졌으며, 구상미술의 거점이 되었다. 회화 이외에도 다양한 장르의 미술 작품을 다룬다.

위 왼쪽 : 근대건축의 거장 르코르뷔지에. ⓒ Radu Bercan
위 오른쪽 우표 두장 : 르코르뷔지에의 모듈러이론과 사보아주택 이미지를 이용해 만든 우표.
ⓒ 2j archirecture (위) ⓒ Sergey Goryachev (아래)
아래 : 독일 베를린 르코르뷔지에하우스 벽면에 새겨진 모듈러이론 이미지. ⓒ Claudio Divizia

르코르뷔지에가 말년에 작업한 인도의 공공청사 건축 중에 하나인 샹디갈 국회의사당.
르코르뷔지에로부터 영향을 많이 받은 김수근이 설계한 남산자유센터가
이와 유사한 형태를 하고 있다. ⓒ J. Plays

위 : 근대건축의 5원칙이 고스란히 적용된 사보아주택. ⓒ 박병순
아래 : 르코르뷔지에의 무한성장박물관 개념이 시도된 도쿄서양미술관.

위 : 독일 공작연맹과의 인연으로 만들게 된 바이센호프주택.
근대건축의 5원칙 이론을 충실히 적용한 첫 번째 주택이다. ⓒ struvictory
아래 : 르코르뷔지에 최고의 걸작으로 꼽히는 롱샹성당. ⓒ 최임식

판상형 아파트의 원조로 불리는 유니테다비타시옹의 전면, 르코르뷔지에의 모듈러이론이 충실하게 적용되어 있다.

건축, 알고 보자

건축을 쉽게 이해하기 위한
네 가지 키워드
: 공간, 시대성, 건축가, 도시

건축. 알 듯 모를 듯 조금 이해하기 어려운 부분이 많다고들 한다. 사실 알고 보면 건축
은 참 재미있는 분야다. 건축을 사유하는 것은 건축에 대한 지식뿐만 아니라 삶의 지혜
를 얻을 수 있기 때문에 유용하기도 하다. 책을 마무리하며 마지막으로 건축을 보는 몇
가지 방법에 대해 이야기하고자 한다. 물론 방법이 정해져 있는 것은 아니다. 하지만 그
동안 일반인들과 건축에 대해 많은 이야기를 나눠 온 경험을 토대로 나름대로 세운 기준
들이라 아마 건축을 쉽게 이해하는데 조금이나마 도움이 될 것이라 생각한다.

건축,
공간부터 들여다보자

보통 건축하면 주로 외관만 생각한다. 하지만 외관만큼 중요한 것이 바로 공간이다. 공간은 체험을 통해서 느낄 수 있는 부분으로, 특별히 이론 공부를 하지 않아도 고스란히 자신의 경험으로 인식할 수 있다. 공간에서 느끼는 감동은 실제로 오래 간다.

르코르뷔지에의 명작 롱샹성당은 그토록 빛이 아름다운 것인지 알게 해 주었고, 홍콩상하이뱅크 내부 중정은 그야말로 우리가 기계시대를 살고 있다는 것을 실감나게 해 주었다.

루브르박물관 광장 앞 유리 피라미드의 외관만 슬쩍 보고 지나친다면 그것은 진정한 여행이 아니다. 바로 피라미드 지하에 있는 공간을 암시하는 곳이 바로 그 유리 피라미드라는 것을 알아야 그곳을 제대로 보는 것이다. 외관만 보면 그 유리 피라미드는 "저렇게 이곳과 안 어울리는 건물이 광장 한가운데에 있지?"라고 생각하기 쉽다.

건축을 본다는 것은 화려한 외관 뒤에 숨어 있는 진짜 공간의 이야기들을 듣는 것이다. 숨겨진 지하공간의 암시로 세워진 유리 피라미드는 우리가 그 형태보다 그 공간의 의미에 주목해야 비로소 제대로 건축을 볼 수 있다는 것을 말해 준다.

나오시마 지추미술관에서 보는 땅속에 파묻힌 공간들은 분명 일상과 다른 경험을 제공한다. 공간사옥을 보더라도 외관과는 전혀 다른 내부 공간의 이야기가 있다. 골목길 같은 계단을 반 층씩 올라가면서 만나는 원초의 공간들은 분명 가장 한국적인 것이 무엇인지 알게 해 준다.

건축,
시대성을 파악하자

건축에는 시간을 초월한 절대 조형감이 있다고 알고 있는 사람이 많다. 물론 고전건축은 그렇다. 하지만 현대건축에는 패션처럼 '유행'이란 단어를 사용하지 않을 뿐이지 엄연히 시대성이 존재한다. 현대미술에도 작품이 존재했던 당시에 각광받았던 경향이 존재하듯, 건축에도 시대성이 존재한다.

요즘 세계적으로 가장 활발하게 활동하고 있는 헤르초크 & 드 뮤론, MVRDV, BIG, SANAA 등 유명 건축가 그룹들은 시대성에 가장 민감한 건축가들이라 할 수 있다.

사실 근대건축의 거장이라 불리는 르코르뷔지에, 미스 반 데어 로에, 프랭크 로이드 라이트도 어쩌면 그 시대에 가장 필요한 이론과 작품들을 발표한 사람들이라 할 수 있다.

물론, 큰 틀에서 보면 줄곧 시대성보다 본인의 건축 의지를 동일한 언어로 표현해 온 건축가도 있다. 자신만의 독특한 조형세계를 펼쳐 놓는 루이스 칸, 알바로 시자, 루이스 바라간, 리카르도 레고레타, 마리오 보타, 프랭크 게리, 안도 타다오, 리차드 마이어, 페터 춤토르, 노먼 포스터, 렌조 피아노 같은 건축가들이 그렇다.

하지만 그들 역시 시대성을 조형 속에 담아 두었기 때문에 계속 보이지 않는 진화를 할 수 있었다. 그들 역시 20세기 이후의 건축의 큰 틀 안에서 늘 변화했다고 할 수 있다.

유독 시대 상황에 따라 변신을 잘하는 건축가들이 있다. 필립 존슨이 그 대표적인 사람이다. 모더니즘을 거쳐 포스트모더니즘, 레이트 모더니즘 건축까지 다양한 작품을 선보이고 있다.

또한 자하 하디드의 작품도 상당히 흥미로운 부분이 많다. 초기 페이퍼 아키텍트Paper Architect, 현실 속에서 구현되지 않는 건축을 선보이며 이론적이고 실험적인 작품을 발표하는 건축가 시절 그의 작품은 러시아 구성주의로부터 영향을 받은 해체주의 작품이 주를 이루었고, 얼마 지나지 않아 현실에서 구현 가능한 건축을 짓기 시작했다. 자하 하디드의 작품은 발표되자마자 그를 스타로 만들어 주었다.

하지만 유연한 곡선으로 완성된 하나의 조형작품인 그의 최근 작품을 보면 분명 자하 하디드도 시대가 변하면서 변화했다는 것을 알 수 있다.

건축,
건축가를 중심으로
들여다보자

현대미술을 이해할 때 작가 중심으로 보면 훨씬 이해하기 쉬울 때가 많다. 건축도 마찬가지다. 건축가건축회사를 중심으로 작품을 경험한다면 건축과 조금 더 친숙해질 수도 있고, 어렵게 느껴지는 현대건축도 작가를 중심으로 보면 더욱 흥미롭게 접근할 수 있다. 근대 도시의 모습과 현대건축의 근간을 공부하려면 3대 건축인 르코르뷔지에, 미스 반 데어로에, 프랭크 로이드 라이트의 작품을 통해 공부를 시작하면 되는 것이다.

재기발랄한 조형 감각과 이론으로 무장한 헤르초크 & 드 뮤론의 작품들은 가장 현대성을 지닌 건축이 어떤 것들인지 알 수 있게 해 준다. 또한 안도 타다오의 작품을 통해서는 극도의 절제미를 표현한 공간과 노출 콘크리트라는 소재로 완성한 조형미를 경험할 수 있다. 특히 안도 타다오의 작품은 기하학적인 순수 도형 자체가 얼마든지 건축이 될 수 있다는 것을 가르쳐 준다. 알바로 시자의 작품을 통해서는 시대를 아우르는 순수함과 소박함, 그리고 정제된 아름다움을 느낄 수 있고, 루이스 바라간을 통해서는 멕시코 지역 특유의 토속적인 아름다움이 건축에 어떻게 반영되는지, 색채의 미학이 건축에 얼마나 중요한지를 깨닫게 된다.

노먼 포스터나 렌조 피아노의 작품을 통해서는 기계 미학을 알게 되고, 기술 발전에 따라 건축과학이 얼마나 진보되고 있는지도 알 수 있다. 국내 근현대건축의 개척자라 불리는 김수근의 건축을 보면 서구와 일본에서 영향을 받은 우리의 건축이 어떻게 한국다움을 찾게 되는지 그 과정을 확인할 수 있다.

한 명의 건축가보다 조직적으로 건축을 하고 있는 건축회사도 꼭 주목해 보아야 할 필요가 있다. 바로 이 부분이 미술과 다른 부분인데, 한 명의 작가가 아니라 건축가가 모여 있는 회사가 협업하여 건축을 만들어 내는 부분도 점점 많아지고 있기 때문이다. 100층이 넘는 초고층 건물, 복잡한 상업시설과 복합시설, 오피스 빌딩 등은 이런 건축회사들이 주로 분업과 협업을 통해서 만들어 낸다. 비록 개성은 덜 할지 몰라도 현대사회에 꼭 필요한 건축을 만들어 내고 있다.

이렇듯 건축가와 그들의 건축을 연결해서 보면 그 기저에 흐르는 원칙이, 역사가, 숨겨진 가치가 보인다. 건축가를 중심으로 건축을 보면 건축에 문외한이라도 건축을 쉽게 접하고 이해할 수 있을 것이다.

건축,
대표적인 건축 도시와
우리의 도시를 살펴보자

대표적인 건축 도시를 꼽으라면 역시 런던과 뉴욕을 들 수 있다. 이 도시의 건축을 살펴보면 건축이 어떻게 도시와 서로 상호작용하고 있고, 서로에게 영향을 주는지 알 수 있다. 외국의 도시와 서울을 같이 비교해 본다면 새롭게 다가오는 도시의 의미를 발견할 수 있을 것이다.

런던을 가 보면, 건축을 사랑하지 않을 수 없게 된다. 런던을 한마디로 표현하면 '혁신'이라 말하고 싶다. 영국의 건축은 제자리에 머물렀던 적이 한 번도 없다. 건축 도시 런던은 보수성 위에 진보성을 가미한 새로운 세상을 제시한다.

하지만 영국이 줄곧 그렇게 새로운 건축을 선보여 온 것은 아니다. 런던은 밀레니엄프로젝트를 발표한 이후부터 본격적으로 근사한 현대건축들을 공개해 왔다. 밀레니엄브리지, 밀레니엄스타디움, 런던시청사 등 밀레니엄프로젝트를 통해 발표된 건축들은 가장 '런던스러운' 건축 중 하나다. 런던시청사는 관공서 건물의 현대적인 정석을 보여 주는 예다. 런던시청사는 가장 친환경적인 건축물이자, 기술이 아름다움으로 승화된 결과물이고, 대중친화적인 열린 공간이다. 지어진지 시간이 꽤 흐르긴 했지만 로이드뱅크 역시 하이테크 건축의 명작이자 현대미술의 단면을 보여 주는 작품이다.

건축이 지니고 있는 기술이란 요소는 어쩌면 다른 예술 분야와 가장 구별되는 지점으로, 로이드뱅크는 예술과 건축이 어떤 지점에서 다른가를 가장 잘 표현하고 있는 건축 중 하나다. 밀레니엄브리지 역시 단순한 다리 그 이상의 의미를 지니고 있는 구조물이다. 런던은 이전에 강을 경계로 확연하게 빈부격차가 났었는데, 이 다리는 '하나 된 런던을 상징'하고 있다. 건축뿐만 아니라, 브릭레인처럼 런던의 도시 재생이 어떻게 이루어졌는지를 보여 주는 흥미로운 사례도 있다.

뉴욕은 200여 년의 현대도시사를 고스란히 보여 주고 있는 도시다. 업타운에 있는 프랭크 로이드 라이트의 명작 구겐하임미술관, 뉴욕의 새 명물로 자리한 SANAA의 뉴뮤지엄The New Museum of Contemporary Art 렘 콜하스가 설계한 소호의 프라다 플래그십스토어, 아르데코 양식의 1920년대 작품 엠파이어스테이트빌딩, 미스 반 데어 로에가 설계한 근대건축사의 명작 53가의 시그램빌딩 등 뉴욕의 주요 건축들은 그냥 지나쳐도 되는 것들이 거의 없다.

놀라울 정도로 변모하고 있는 미트패킹, 가장 '뉴욕스러운' 공간으로 부상하고 있는 하이라인, 뉴욕의 가장 의미 있고 중요한 건축인 911 그라운드제로 프로젝트까지. 뉴욕은 그대로인 것 같으면서도 끊임없이 진화하는 대표적인 현대 도시 중 하나다.

서울은 의외로 외국건축가의 작품이 즐비하고, 국내 건축가들의 활발한 작품활동으로 인해 볼거리가 많은 도시다. 너무 익숙해서 우리가 지금까지 몰라보고 있는 것일 수도 있다. 전문가들이 뽑은 한국의 좋은 건축 선유도공원, 김수근의 걸작 공간사옥과 경동교회, 젊은 건축가가 설계한 열린 미술관 국립현대미술관, 건축가 승효상이 설계했고 유럽에서 자주 볼 수 있는 코르텐스틸을 사용한 장충동의 웰컴 사옥, 건축가와 부동산개발이 만나 시너지 효과를 창출한 부틱모나코 등 서울에도 주목할 만한 우리 건축가의 작품들이 많이 있다.

서울에는 외국 유명 건축가의 작품도 꽤 많다. 많은 논란 속에서 완성된 자하 하디드의 DDP, 마리오 보타가 생애 최고층으로 설계했다는 교보타워, 렘 콜하스가 설계한 서울대미술관과 삼성 리움미술관, 파리국립도서관을 설계한 도미니크 페로의 이화여대학생회관ECC 등이 대표적인 예다. 삼성 리움미술관은 장 누벨과 마리오 보타도 참여했다.

아시아의 모든 도시가 안고 있는 문제지만 우리의 도시에는 근대화를 겪으며 탄생한 건축들이 중구난방 무질서하게 배치되어 있다. 하지만 점점 오래된 도시가 가지고 있는 지역성을 잃지 않으면서도 특색 있는 건물들이 하나둘씩 생겨나고 있고, 개성 있는 도시로 변모하고 있는 중이다.

이 건축을 보는 네 가지 방법을 염두에 두고 있으면, 훨씬 더 건축과 친해질 수 있다. 건축은 어떤 시각으로 보느냐에 따라 느끼는 것의 정도가 확연히 차이가 난다. 건축을 알고 도시를 보면 도시는 살아 있는 미술관으로 변신할 수 있다. 건축은 문화예술의 향취를 품고 있는 우리 곁의 친구가 될 수 있다.

지금이야말로 도시와 건축에 대해
진지하게 사유해야 할 때

    10여 년 전 사람들이 내 집 내부 꾸미기에 여념이 없던 시절이 있었다. 세월이 흐른 지금 그들은 마당이 있는 집, 평생 살 집, 즉 건물 짓기에 관심을 가진다. 지방자치제 단체장 선거에서는 본격적으로 건축과 도시에 관한 이야기가 주요 공약으로 부상하면서 건축이라는 단어가 자주 등장한다. 서울시청, DDP, 새빛둥둥섬, 서울역 앞 고가 등 서울 시내에 새로운 건축이 발표될 때마다 시민들의 관심은 그 곳을 향해 쏠리고 건물은 화제의 중심에 선다. 바야흐로 건축이 화두인 시대다.

    사회가 발전함에 따라 통과의례처럼 어떤 한 분야가 떠오르고 저무는 것이 반복된다. 건축도 그런 유행의 한 분야처럼 우리 곁에 다가온 것이 사실이다. 하지만 건축은 그렇게 한 순간 관심을 가졌다가 등을 돌릴 수 있는 분야가 아니다. 사람들은 입을 모아 건축은 예술의 근본이라고 이야기한다. 또한 실용학문인 건축을 인문학의 연장선에서 이야기한다. 건축을 이야기하는 사람들이 많아졌다는 것은 비로소 우리 사회가 성숙해졌고, 우리 삶을 제대로 돌아보기 시작했다는 의미다.

    본문에서 계속 이야기했듯이, 건축은 우리의 환경이자 예술이며 기술을 구현하는 장소이기도 하다. 또한 집이라고 하는 시설이기도 하고, 삶의 은유라 부를 수 있는 인문학이기도 하다. 최근 인문학 열풍이 뜨겁다. 이런 인문학에 대한 관심은 결국 성숙한 사회가 당연히 가져야 할 삶에 대한 성찰이며, 교양이자 통념적 철학이다. 이런 인문학 열풍 속에서 건축도 그 흐름에 포함되어 관심이 높아지고 있다.

실제로 건축 관련 강연을 가보면, 인문학 강연시리즈의 일환으로 기획된 경우가 많다. 이렇듯 인문학을 보듯이 건축 또한 그런 태도로 계속 지켜봐야 한다. 건축을 들여다보면서 삶의 원리arche, 근원根原, 시원始原을 의미하는 말로, 고대 자연철학자들은 만물의 근원이나 세계의 원질原質이라는 의미로 이 말을 사용했다와 인간을 이해할 수 있다. 그렇기 때문에 건축을 단순히 기술의 한 부분 혹은 예술의 한 분야라고 단정 짓지 못하는 것이다.

건축은 국민성과 시대, 국가를 상징하는 도구가 되었다. 건축에 대한 이해와 지식은 그 나라 국민을 이해하는 도구가 될 수 있다는 것이다. 이제 우리나라도 건축과 도시에 대해 고민하는 분위기가 꽤 무르익었다. 지속적으로 책 작업을 통해 내가 이루고 싶은 목표는 우리가 살고 있는 도시와 건축의 자화상을 그려볼 수 있는 계기를 마련하는 것이다. 도시에서의 삶은 특히나 건축과 떼려야 뗄 수 없는 관계를 맺고 있기 때문이다. 더욱이 이제 도시는 국가 간 경쟁의 상징이 되고 있다.

우리는 이제 건축이 사회적으로 복잡하게 맞물린 사회 구조에 살고 있다. 타자의 것이든, 우리의 것이든, 독창적이거나 혼용되어 있거나, 문화와 예술, 공학이라는 총체적인 집합체 안에서 건축을 느끼고 있는 것이다. 이러한 시대상에서 건축을 모른다면 이제는 진정한 현대인이 아니라고 감히 말할 수 있다. 기술중심적으로 움직였던 과거의 우리 도시가 이제는 바뀌고 있다. 그렇다면 서울은 현재 어떤 모습일까? 그 어느 때보다 지금이야말로 도시와 건축을 본격적으로 고민하고 다루어야 할 시점이라고 생각한다. 건조물로만 보이는 건축이나 도시, 기능만 부각되는 우리의 환경이 아니라, 인간과 공간의 진정한 철학적 가치를 고민하는 장이 만들어지면 좋겠다.

그래서 이 책에서는 건축학적인 측면뿐만 아니라 인문학적·철학적·경제적 측면 등을 다양하게 고려해 건축을 조명해 보고자 했다. 각 분야에 영감과 자극을 줄 수 있는 건축적인 사고의 가능성에 대해 이야기했다. 바로 이러한 시도들이 건축의 대중화와 우리의 도시 환경 개선에 도움이 되었으면 한다. 건축이 대중화된다는 것은 바로 우리의 환경이 끊임없이 좋은 방향으로 바뀌고 있다는 것을 의미하며, 살아 있는 창조의 집약체들이 거리에 즐비하게 되어 일상생활을 하면서 수준 높은 문화를 향유할 수 있다는 것을 의미한다.

이 책을 쓰면서 또 다시 나 자신을 새삼 돌아볼 수 있었다. 책을 쓴다는 것은 참으로 어려운 과정이다. 건축가로서 이 책에 나오는 모든 기준이 내가 작업을 할 때도 나에게도 적용해야 할 기준 같아 무언의 압력을 받은 것도 사실이다. 내가 써 놓고도 참으로 난감한 기분이 들었던 내용도 많았다. 하지만 감히 이런 내용을 다루며 독자들과 건축 이야기를 하려는 것은 최소한 앞으로 나 스스로 건축에 대해 더욱 진정성 있는 자세로 다가가고 싶기 때문이다. 내가 책을 쓰면서 건축의 원리와 기술의 의미를 탐구했듯이, 여러분도 여러분이 속한 사회에서 건축을 통해 공간과 도시, 삶에 관한 의미를 진지하게 추구하는 여정을 떠날 수 있기를 바란다.

여덟 단어로 시작하는 건축 공부
교양 건축

양진석 지음

1판 1쇄 발행 2016년 10월 25일
1판 2쇄 발행 2016년 11월 10일

펴낸이   이영혜
펴낸곳   디자인하우스
         서울시 중구 동호로 310 태광빌딩
         우편번호 04616

대표전화   (02) 2275-6151
영업부직통   (02) 2263-6900
팩시밀리   (02) 2275-7884, 7885
홈페이지   www.designhouse.co.kr
인스타그램   @dh_book
등록   1977년 8월 19일, 제2-208호

편집장   김은주
편집팀   박은경, 이수빈
디자인팀 김희정
영업부   문영학, 고은영
제작부   이성훈, 민나영, 이난영

책임 편집 전은정
출력·인쇄 중앙문화인쇄

ISBN   978-89-7041-701-1 (03610)
가격   18,000원

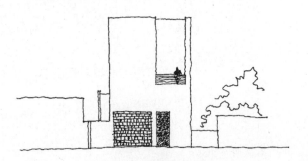